Correspondances J'AI VU UN RÊVE

Le retentissement lancinant de l'alarme à incendie ne se tait pas. Le bruit strident vient écarter les secrets de la nuit. Tout le monde est poussé dehors dans un élan de panique. La fumée reliant tous les espaces ne permet pas aux corps de s'accrocher aux repères connus jusque-là ; les êtres se côtoient dans un froid terrible, assommant. Les corps bouillants, sont précipités dans les bras gelés du matin. Il est 5h, la nuit s'endort pendant que vient le jour...

Nous sommes en octobre 2013. Dans un sursaut je me lève, il est 5h30. Une brume épaisse persiste et au bout, un tunnel se referme à peine. Je me fais un café, je sors sur la terrasse. Le froid du matin arrive à traverser les couches de la nuit et de mes vêtements. Dans mon rêve tout frais, l'urgence s'étire. Je revois mon père, en haut d'un escalier, incapable de descendre. Je ne voyais pas le feu mais je le sentais. Je me souviens de l'hésitation sur le numéro à faire pour prévenir les secours. 15, 17 ? Puis soudain 18, ce chiffre s'inscrit nettement dans le fond de la boite au lettre… Mon père tourne à l'étage. Je monte, je le soutiens et l'aide à sortir. Je ne sais pas combien dure mon rêve mais à l'intérieur, c'est très long, une sensation démesurée ne s'évanouie pas et m'envahie encore. A 5h du matin, il s'est passé quelque chose que je ne peux définir. Jonathan se lève, une succession de messages lui parviennent. Il les lit dans le genre de silence qui lui appartient. Entre temps, j'étais parvenue à m'auto convaincre que ce n'était qu'un rêve. J'avais fait raisonner, dans ma tête, l'impossible pendant des heures, appelé mes proches qui allaient bien. Je m'étais enfin apaisé un petit peu, bien que le fond d'angoisse restât tapis dans mon ventre, elle ne remuait plus dans mes entrailles, elle était sourde et immobile ; Le quotidien de cette nouvelle journée pouvait reprendre une place prépondérante. Soudain, Jonathan m'interpelle :

- La maison de mes parents à brulé, ils n'ont rien…

Comment les espaces peuvent ils se télescoper autant ? Comment raconter cette nouvelle brisure ? Là, tout mon intérieur se remet en mouvements. Mon cœur accélère, je lâche le linge humide, tout juste sorti du tambour de la machine à laver.

- Quoi ?
- Ils n'ont rien…

Voilà les seuls mots que nous avons pu nous dire d'abord. Dans la journée, des pics remontaient régulièrement dans ma gorge et je ne pouvais pas bien parler. Ce qui persistait c'était les trous, les endroits vides de sens dans ma tête. Il y a bien des choses qui ne se relient jamais… Elles coexistent dans des espaces séparés. Elles se touchent presque.

J'étais donc resté bloquée aux alentours de ce lieu étrange où des choses matériellement séparées venaient se rejoindre…

L'urgence à résoudre et les étranges sensations raisonnaient encore sur les bordures de l'eau ; Jonathan faisait des ricochets à la surface du lac, notre fille riait. Ils comptaient ensemble le nombre de fois où la roche effleurait l'eau : « … Trois … quatre… Cinq ! youpi ! » C'était d'une banalité rafraîchissante. 1,2,3 glissait dans chaque instant. Il y avait la douceur de l'enfance… Quel merveilleux présent, un autre être peut prolonger une rencontre, l'inscrire, la matérialiser. Tant de division et de multiplications. De suites et d'enchaînements, de proches détachements… Cette rencontre en effet de Jonathan et moi… Quelle histoire… Une évidence tout de suite, puis un long trajet. La vie se réinstalle dans les creux du souvenir. La trace d'un être perdu dans le néant d'un présent. Les mots et les rêves sont des transitions dans le monde…

PREMIÈRE PARTIE

Mélina,

Nous sommes le 21 janvier 2001. Mon premier souvenir c'est ma mère. Elle prenait des leçons de piano dehors. Mais comment un piano peut-il être transporté dehors ? La fenêtre était probablement grande ouverte…

Mon être, perdu dans un présent mouvant n'est que passé par la faille du temps. L'écriture est une synthèse de la fuite de la mémoire.

J'aimerais que tu me parles de toi, dans l'attente à bientôt.

Jonathan.

Jonathan,

Je viens de recevoir ta lettre datant de dimanche. Depuis mes 13 ans je tiens un journal ; La nuit parfois, j'ouvre les volets délicatement et je me glisse par la fenêtre de la salle à manger.

Je dois partir deux semaines en Alsace. Je t'écrirais sûrement de là-bas.

Mélina.

Mélina,

A cette heure-ci, tu dois être en Alsace. Je suis toujours à Paris. Je fais des études de médecine et j'écris. Dans mon livre il y a deux histoires. La fin du premier tome est la renaissance de la seconde épopée. Une sorte d'éternité… un symbole.

Mes poèmes sont des artefacts, des mots jouent avec le sens.

Écris-tu des poèmes ?

Jonathan

Jonathan,

Je suis chez mes grands-parents, ils parlent très peu Français et nous ne nous comprenons pas souvent avec les mots. Ils habitent un petit village très fleuri avec des maisons typiquement Alsaciennes. J'espère que tu m'as écrit. Dis moi en plus, que fais tu ?

Mélina.

Mélina,

Je viens de commencer le registre des rêves et je me suis fait aspirer par le temps. Cela fait bien longtemps que je ne me souviens plus de mes rêves. Mon hygiène de sommeil est douteuse, je ne parviens pas à m'anesthésier avant 2 ou 3 heures du matin.

J'attends ta prochaine lettre.

Jonathan

Jonathan,

Je suis rentrée chez moi dimanche soir et j'ai trouvé deux lettres de toi.
Tu me demandes si j'écris des poèmes ? Parfois des phrases. J'aime lire les poèmes des autres. J'aime les gens qui écrivent.

Tu voudrais devenir médecin si je comprends bien ? Moi, je ne sais pas. L'école, c'est compliqué, j'ai tout juste la moyenne et parfois encore moins. Mes parents désespèrent, je crois. Mon père à parlé d'apprentissage mais j'ai encore le temps de voir.

Es-tu déjà sorti avec une fille ?

Mélina

Mélina,

Je t'enverrais un poème.

Mon livre avance mais pas très vite. Ce livre, c'est l'unique chose que je construis. Les mots, reforgés par ma langue seront mes libres esclaves et moi leur monarque enchainé... Depuis déjà 10 ans, je suis habité par le démon blanc, le vieux Mage, la faucheuse d'âme, les combats d'Ambre et les énigmes des fantômes... Seulement la profondeur change, il y a plusieurs dimensions.

J'aimerais devenir médecin de l'esprit. Peut-être neurologue ou quelque chose comme ça.
Écris-moi ce que tu veux.

Jonathan

Jonathan,

Je reçois ta lettre un mardi. Quelle surprise !
J'étais un peu déçue car tu n'as pas écrit de poème.
J'aime découvrir l'amour mais je suis encore jeune et
souvent je fréquente des garçons plus âgés. Parfois je me
déteste.
Pour moi la liberté c'est le droit à l'erreur et le droit
d'être soi-même. J'aime me caresser aussi. Te caresses
tu ?

Chaque seconde s'éteint et ne reviendra plus. Je te
laisse en attendant ton poème.

Mélina

Mélina,

Les jeux entre les garçons et les filles me semblent faux. Je n'ai pas la notice pour activer ce monde mais j'en rêve. Je ne suis pas très adroit avec les femmes, je ne fais qu'effleurer cette force divine. Concernant les caresses, je traite vivement cette énergie aussi. Mon désir se promène partout mais ce monde est délicat et je me le réserve exclusivement…

Je cherche par-dessus tout, la subtilité des mots qui nous plongent dans une atmosphère sonore particulière. Cette recherche peut prendre très longtemps !!!

Je suis triste Mélina, ce soir Cobain, mon cochon d'Inde, est mort. Presque trois ans de caresses substituées… Hier encore, il quémandait sa nourriture… La thèse de sa mort est douteuse… Je l'ai trouvé vers 17 heures, allongé, les yeux grands ouverts, comme si on avait figé son corps debout puis, qu'on l'eut posé comme une statuette de métal noir, sur le côté. J'ai essayé de lui faire prendre un peu de vitamine C, c'était probablement une erreur, plus qu'autres choses. À un moment je suis sorti de la chambre et à mon retour, tout son corps tremblait. Je l'ai relevé plusieurs fois, dans l'espoir de le voir se rétablir mais il s'effondrait comme une seule pierre.

Enfin, j'ai étalé son corps et la serviette sur le lit. Courts spasmes, longs tremblements et fausses périodes de repos s'alternaient en cycle horribles. Ses yeux étaient creux, presque cadavériques. Je savais mes sentiments disproportionnés à son égard mais sa mort imminente les surenchérissait.

J'ai senti la mort, visuellement ; J'ai senti sa mort arriver comme si elle frappait avec extravagance à ma porte. Je fus sans crainte de ce sentiment car c'était la matérialisation de mon mental et de mon âme saturée. J'ai repris mes caresses délicates pour ne pas aggraver sa douleur. Je lui ai parlé doucement car il reconnaissait ma voix et j'ai inventé en temps réel une pseudo poésie en prose afin de combler le manque de sens de cette scène désagréable.

Même si ma prose était médiocre, très rapidement, dans les premières phrases de mon délire, il s'est arrêté de trembler ; Il était toujours vivant, le ventre respirait plus sereinement en subissant mes caresses. Il a bougé sa minuscule truffe noire, comme à chaque fois qu'il reniflait ma voix. Puis il s'est immobilisé. J'ai continué ma prose et à la fin, plus rien ne bougeait. J'ai posé mon oreille contre son ventre, il ne se soulevait plus. J'ai entendu, derrière son pelage encore chaud, quelques gargouillis biologiques. J'ai recouvert son corps avec la serviette.

J'étais triste mais sans transposition physique. Tout était dans la tête et je prenais plaisir à m'engouffrer dans ce sentiment de misère, comme si je tenais l'opposé d'un trésor. J'irais l'enterrer demain. Je m'endors ce soir encore plus seul…

Jonathan.

Jonathan,

Tes mots ont raisonné longtemps. Je suis désolée de lire ta tristesse. Quand j'avais 8 ans, mon chat s'est fait écraser, après, j'ai été malade de longs jours.

J'ai lu ta lettre et j'ai pensé aux écrivains. Mon premier livre parcouru seule, c'était « poil de carotte ». J'étais avec lui, comme je suis prés de toi, dans ta lettre. Je revenais sans cesse au même endroit pour me retrouver proche de cet enfant. On expérimentait ensemble la retenue, le fait de ne plus en pouvoir, de se lâcher, se sentir, faire un peu ou pas du tout, juste de quoi tenir encore…

Avec cette lettre, je t'envoie une photo.

Mélina.

Mélina,

Merci pour ta photo. Jusque-là, à vrai dire, avant,
je ne te donnais pas de vraiment de corps. Aujourd'hui,
j'avais de l'herbe de mon frère sur moi. Une voiture de
cowboy est passée et j'ai jeté le sachet. Finalement il ne
se sont pas arrêtés mais je n'ai jamais retrouvé le
pochon… j'étais gêné pour mon frère…

Est-ce que tu penses qu'on se rencontrera un
jour ? Ah oui ! Un fait marquant, j'ai rêvé de l'envol. J'ai
plusieurs fois ressenti et subit l'expérience du vol.
Pourtant, je ne me suis jamais pris pour un oiseau, j'ai
toujours su que mon corps était terrestre. Je volais au-
dessus des couloirs. A la fin du rêve, j'étais en extérieur
et si mes souvenirs sont exacts il y avait une intrigue avec
un arbre. (Je pense aussi à une arbalète instinctivement,
peut-être il y a eu cet objet ou quelque chose apparenté
mais il se peut aussi que je l'ai rajoutée pour telle raison
et que je ne puisse plus mentalement m'en séparer…)
Écris moi Mélina.
Jonathan.

Hello Jonathan,

Je prends du plaisir à chaque fois que tes lettres arrivent. J'aime déchirer l'enveloppe et découvrir ton cadeau quand tes mots prennent forme et s'envolent. Chez moi, c'est plus sec. Ça doit être super de pouvoir voler.

Est-ce que tes études t'intéressent encore ? Et ton livre, continues-tu à l'écrire ?

J'attends de tes nouvelles.

Mélina.

Mélina,

Ta question tombe à pic pour médecine, je ne vais pas continuer. J'ai cherché sur internet « comment devenir photographe ». J'avais vu deux filles magnifiques près du lac, une d'elle se penchait vers l'eau afin de récupérer un objet. Je voyais les filles et leurs mouvements, c'était inspirant. J'ai eu de grands vagabondages de mon esprit. En y soumettant diverses possibilités, j'ai eu une pluie de résultantes, presque au sens numérique, nettement plus profondes et sentimentales que les raisons m'ayant poussées à faire médecine.

La faculté de lettres agirait directement sur une corde sensible de mon âme, ma plus grande et la plus belle, ma raison existentielle : mon écriture. Je suis déjà motivé pour y parvenir.

Jonathan

Mon Jonathan,

Je n'ai plus écrit pendant longtemps après ta dernière lettre. Est-ce que tu m'en veux ?

Des gens restent perdus à jamais. J'ai essayé le LSD. Nous étions des nains de jardin. Parfois, je me retrouvais sur des branches, au sommet des arbres. A certains moments, les couleurs étaient complètement explosives... Au petit matin, dans la maison, le chat de Yoann était sur moi. Quand il posait sa patte, je voyais bien toute son empreinte dans ma peau. Parfois il se mettait sur mon ventre et je l'enveloppais...

Ma mère à eut 50 ans… le temps passe.
Je suis comme un poète n'écrivant jamais, au fond de la nuit je tourne et je vire. Je poursuis moi aussi le chemin, sans trouver mais parfois la brume disparaît. Tes mots me manquent beaucoup.

Mélina

Mélina,

J'ai longtemps attendu ta lettre mais elle n'est pas venue. J'ai fait un rêve étrange. J'étais dans une sorte d'entrepôt. Une multitude de petites pièces mécaniques agonisaient au sol. Il y avait un certain nombre de personnes (peut être une vingtaine mais les détails sont mouvants...). J'étais isolé avec une personne splendide, très sensuelle et sacrément érotique. Au début je bois sa chaleur maternelle, puis mon esprit se libère et nos âmes s'emboîtent à la perfection. Ma main coule de manière naturelle sur elle, nos âmes s'unissent en une seule qui semble être la mienne, retrouvée. Nous sommes dans un couloir avec des portes. Nous pénétrons dans une d'elles et nous parvenons à un grand théâtre, dont l'arrière des sièges est parcellé par des rideaux de velours pourpres. Les rideaux glissent sur mes bras nus, le sol est une moquette molle comme un lit. Nos deux corps s'assoient puis s'allongent. Notre baiser chaleureux reprend. Mon esprit est envouté.

Aux faits de cette apothéose sensitive, sur la scène, une voix explose, je regarde par le rideau, un acteur joue. Ma dulcinée fantasmagorique disparaît définitivement. Je ne perçois ni physiquement, ni mentalement son évaporation. Je sors dans le couloir pour enfin me retrouver dehors.

C'est le désert, une étendue de sable à perte de vue me surprend…Il commence à faire nuit, le soleil est absent et le ciel, rose violet est fabuleux. Le sable est très fin, orangé. J'évolue dans des collines aplanies. Les sons sont inexistants, comme un soir sans oiseaux. J'aperçois le loup sur une petite colline. Il est d'un rare noir, très obscur. Soudain il s'enflamme, brûle et se décompose en silence, comme une boule de lave dans l'océan. Cette image, très marquante, me réveille.

J'aimerais te rencontrer physiquement, ou au moins entendre ta voix.

Jonathan

Jonathan,

Nous avons raccroché il y a peu de temps. J'étais dans cette petite cabine téléphonique près de chez moi. Tout au long de ta voix, j'ai griffonné sur le papier où ton numéro était noté. La feuille s'est même percée à un endroit. Il y avait déjà une pliure. Ta voix est si belle que j'ai peur de te faire parvenir la noirceur de mon univers.

J'ai arrêté la drogue. Cet été j'ai travaillée à l'usine de fruits de Cavaillon. J'avais besoin d'argent, mes parents n'en n'ont pas.

Pendant un cours de vocabulaire médical j'ai appris ce qu'était « la pituite matinale » ; Je vois mon père vomir le matin depuis enfant. Une scène bien précise me reste. De ma chaise haute je le vois vomir dans l'évier. Je lui demande ce qu'il fait. Il s'énerve et me dit « tu vois bien !». Très tôt, je me souviens que je ne voulais plus boire de lait. Le lait me faisait vomir aussi le matin.

C'est une sorte de révélation pour moi, tout se relit. Mon père serait alcoolique ? C'est ça le mot ? Cette question du vocabulaire est surprenante. Avec un mot on cache et on case toute une problématique, un secret. Je ne l'ai jamais vu saoul ou s'effondrer, l'alcool de mon père, c'est toute une ambiance.

Bon, je n'ai plus l'énergie pour continuer Jonathan. Je te souhaite de pouvoir faire tes histoires et ton chemin.

Mélina

Mélina,

J'ai aimé ta voix. Tu dois savoir tant des choses…
Je vois le monde au moins en trois dimensions. Une
« artistique » : la perception de la matière. Une
« psychologique » : la perception du moi.
Et la troisième, « philosophique », consiste à examiner la
conscience du moi en lien avec la matière.

On s'extasie de la matière sans encore la raffiner à
un haut degré de compréhension mais dans chaque partie
de matière résident plusieurs œuvres d'art !

J'ai commencé un roman de Marcel Proust, c'est
une belle découverte…

Je pense pouvoir venir te voir, un moment cet été.
Peut-être en allant vers Toulon, je pourrais descendre du
train et te rejoindre quelques heures ? Dis-moi ce que tu
en penses.

Jonathan.

Jonathan,

Merci pour ta lettre sur les dimensions. Je vais y réfléchir maintenant.

La survie, c'est tout ce que je fais... J'ai l'impression de con-sommer les gens. Les jours se passent la main, demain reste flou mais il sera sans doute là.

Les textes mal interprétés me minent. Le monde est muable et éternellement méchant. Un entrain se brise, mon cerveau ressasse la crasse des idées. Une impression d'être à vide dans un bocal...Il y a un son d'IAM qui tourne, quelle frappe... !

Je vais devoir affronter ma tristesse ; Dans quel monde nous retrouverons-nous ?

Se voir quelques heures, oui, j'aimerais.

Mélina

Mélina,

Tu as l'air d'agiter du désespoir… Prend ta gamine par la main et dis-lui de se taire un peu, rassure là, explique-lui, vous trouverez des solutions…

Pour ma part mon implication à la fac de lettre s'est affirmée ; Il s'est passé quelque chose d'important, est-ce dû à tes mots ? J'ai pris conscience de mon manque de considération sur la brutalité du monde. Une brutalité subtile, pas ouverte, mais de ses rouages et de son bruit. La partie la plus inachevée de mon être est mon manque d'implication dans la matière qui m'entoure au profit de celle que je génère. J'ai assez pris conscience de ce défaut et je voudrais y remédier. J'aimerais plonger dans un espace plus concret : celui de mon appartenance. Je cherche à entrevoir les désaccords entre ma nature profonde et le monde. Mon écriture devrait m'aider à trouver les trésors rares. L'existence en est elle-même un.

J'étais obligé de passer par cet enfermement, Mélina, je ne veux surtout pas combler trop vite, de culture, ce que doit être la personnalité.

J'espère te lire moins désemparée bientôt. Je devrais venir, dans les prochains jours si tu es toujours d'accord et disposée.

Jonathan.

Jonathan,

Merci pour ton appel et pour la lettre. J'aime recevoir tes papiers. Le moral est remis à zéro… pas de fumette pour le moment.

J'ai le bac !!!!! Incroyable !!!

Mes réflexions ne s'emboîtent dans aucune logique, je suis bloquée. J'ai hâte de te voir et j'ai peur aussi.

Mélina

Mélina,

Je suis en accord avec mes sensations et l'ordre des choses entre nous. J'espère que l'on se rencontrera bien plus encore. Ton inertie vient d'un parfait équilibre entre les forces qui t'enchaînent et celles qui veulent te faire voler. Elles sont absolues. Je ne sais pas, mais j'ai un espoir, une confiance simplement, une certitude. Tu peux, Mélina, dépasser toutes choses.

Ce que tu m'as donné, je l'accepte avec humilité. Je respecte déjà tes choix et envies. Tu as donné as un cœur sachant recevoir et respecter, mais comme tout cœur, il a des passions et des révoltes sur les choses qui le font vibrer.

Fais avec tes besoins du moment et de ta vie. Il se peut, effectivement, que ce ne soit pas le moment, ni que je sois la bonne personne… Toi seule peut trouver les réponses.

J'ai de l'amour pour toi, Mélina, même si ce n'est qu'une graine… une graine de beauté et de profondeur dans un désert en attente de la pluie. Et aussi, soit assurée, nos deux âmes se parlent. Elles se donnent de magnifiques répliques, sans grimaces ; au-delà de nos corps et de nos paroles, nos âmes se sont épousées…

Je suis disponible, dans une volonté de présence et d'appui ou de respect d'une solitude et d'une distance dont tu aurais éventuellement besoin… Je t'ai dans le cœur, sans contrefaçons, mais je respecte le tiens, ne t'en soucis point.

Jonathan.

Jonathan,

Excuse-moi, je ne t'ai pas envoyé le courrier que je voulais te faire parvenir. Mon hésitation tient au fait de ne me sentir à la hauteur. Je suis sur un navire sans cesse submergé. J'ai honte. Je n'arrive cependant pas à me détacher de toi, de notre accroche de mots. Nous sommes ensemble dans un détachement. Je te remercie pour ta chaleur.

Il y a eu un souci pour moi. Un épisode auquel je n'étais pas préparée. Je ne peux pas dire plus, mais je regrette. Je regrette.

Quelque chose entre nous se touche, vraiment. La vie est étrange et inattendue. Tout le monde n'a pas la même chance ou le même destin. Mon silencieux désespoir, parfois a altéré mes pensées, mais ensuite, il me rend plus douce et plus forte ; je veux continuer à restructurer mon petit monde intérieur, me préparer encore. Il habite en moi tant de violence, c'est dur de contrôler ; Je ne lâche pas, je me force.

J'ai fait un rêve et une partie de toi était là. On nageait dans un lac assez profond et sans bords. La remontée n'était pas possible. De hautes falaises nous entouraient. Pas d'affolement, ni de panique. Juste un sentiment étrange. Une eau turquoise et quelque chose de passif.

Je t'embrasse.

Mélina.

Jonathan,

Hiver.

Tourment d'enfant (pour ne pas dire d'enfer) / c'est l'envers du décor. Cette nuit je ne dormais pas, j'ai construit mon rêve : Etre libre, bouger. Je ne veux plus d'effractions ;

J'ai senti près de toi une tendresse. En venant si près, j'ai peur, j'ai l'impression d'enfermer les gens, de les réduire à moi-même ; il y a trop de trucs qui s'emboîtent et qu'on ne connaît pas. Je suis témoin des acharnements insensés du monde. Faudrait inverser les processus vides.

Je voudrais écouter mon cœur vivre. Je veux m'élever. Les idées suivraient et le corps aussi. J'aimerais savoir ce que tu fais. Est-ce que tu penses à nous ?

Je t'espère en paix.
Mélina.

Mélina,

Tu ne peux pas savoir la joie dans mon cœur. Quels pics délicieux dans la poitrine, presque douloureux quand je vois arriver une lettre de toi ; Ce temps sans nouvelles était long. L'attention que je te porte, soutient une attente si lourde malgré moi. Tu relates un fâcheux épisode. Je suis presque en colère de n'être pas plus proche de toi et je suis triste de lire ta détresse. Je préfère ne rien dire de plus pour le moment. Mon intérieur bouillonne, ce sentiment surgit d'un grand gouffre sombre. J'ai des problèmes avec certaines relations de mon entourage. Pas des problèmes ouverts et conflictuels mais des morts intérieures parfois très douloureuses. Quelques fois, j'abandonne des frères de cœur. Ce sont des morts lentes. Je les abandonne car ils sont bien plus enfermés dans leurs mondes de complaisances que dans un monde basé sur les essences, et leurs niveaux philosophiques s'en trouvent fortement altérés, à un point parfois si grand que je suis, pour ma défense intérieure, obligé de moins attendre d'eux. Certains sont, pour moi, des albums photos vivants. Ils sont morts car je ne supporte pas leurs platitudes. J'ai sacrifié la philosophie, j'ai succombé à la philosophie ; je l'ai substituée à la fainéantise et à la déculpabilisation idiote. Je me trouve dans une forme de chrysalide, je suis à peine entrain de m'étalonner intellectuellement. La philosophie, chez moi, est un impératif existentiel très loin d'avoir abouti. Les côtés « artistique » ou « psychologique » sont en évolutions perpétuelles, sans saccades et il le faut aussi pour la philosophie. Toutes ces dimensions ne sont pas écrites avec le même « alphabet mental ».

Mon rapport à une femme désirée est souvent sérieux et sans humour alors que j'aime être charrié, cela fait croître mon plaisir jusqu'au point d'ébullition. Je ne me souviens pas, avoir jamais pris autant de légèreté avec une femme qu'avec toi. C'est ce qui me pousse à espérer encore notre rapprochement. Ceci dit, dans le monde « réel » la femme m'a un peu abusée ; elle m'énerve souvent avec sa folie de vouloir plaire à tout prix. Beaucoup de filles draguent pour le plaisir de séduire, sans aller plus loin. La chose en soi (se faire draguer) est plaisante mais quand un célibataire esseulé subit cet artifice, le contre sort est parfois douloureux. L'homme souvent séduit, mais la femme excite et elle le sait. Une grande lassitude de La Femme et de ses artifices, souvent trompeurs ; de son masque de séduction, ne cachant pas souvent un désir louable mais au fond un manque de confiance et une volonté viscérale de se sentir désirable et désirée. Conséquence de cette conséquence : une distanciation presque involontaire avec l'être féminin, même si elle est l'incarnation de l'harmonie et de la vertu… Tout cela est néfaste car ma confiance en moi baisse, s'étouffe et agonise. Parfois elle s'élance encore mais ces fougues occasionnelles sont rapidement brisées par le poids des déceptions passées et le manque d'énergie occasionné par ce fardeau. Je suis toujours sérieux et passionné, mais, moins dans l'absolu… Je suis de plus en plus joueur ou silencieux… Sombre, aigri, énervé ou fatigué…

Je te souhaite une belle soirée. Pardonne ma réponse un peu trop brute sûrement, mais elle a l'avantage d'être sincère.

Jonathan.

Jonathan,

19 décembre, il est 3h du matin. Pleins d'idées et peu de sommeil. Je suis dans une autre dimension. Obsession de la drogue. Les pensées s'échappent ; Le combat intérieur et les gens me pèsent. J'ai abandonné mes mots, la pose de mes pensées, mes traces. J'ai peur de la montagne à gravir ; le sommet est une illusion mais il faut passer par là. Je m'enfume et m'enferme dans un nuage de fumée. J'écoute du son et je para style. Mon passé ne passe pas et j'arrive à une limite où le temps est une infranchissable barrière. Exposition directe à une souffrance réelle, excuse-moi, quand j'écris, j'anesthésie. La vie avance à toute vitesse et je ne peux pas suivre.

Écrire est un dégagement virtuel, je suis une bombe à retardement. Je ne suis pas fière, crois-moi. Tout part dans tous les sens. Jamais ce que je veux, ne se pose sur la feuille, jamais mes notes ne sont assez profondes.

On est con, on se croit tout permis et les textes et les mots ne sont là que pour nous tromper. Armée d'un stylo, j'essaye de dégrossir. J'ai changé, je n'ai plus les mêmes sentiments en la vie, c'est amer.

J'ai perdu ma plus vieille amie, un suicide. J'ai même du mal avec le mot. J'ai allumé des bougies mais elle est éteinte. C'est violent une absence tout autant qu'une intrusion ; J'ai mal dans le ventre, dans les tripes. Je vois cette image, jamais vraiment vue, ce souvenir vide où elle n'est plus. J'entends sa voix, je revois son sourire. Je ne veux pas en faire trop mais ce ne sera jamais assez. Tout est loin, je me protège avec les mots. Je pourrais remplir des pages mais ça ne viderait pas cette souffrance gluante. 20 ans, l'âge du désespoir, indécent, presque caché. Tout les jours c'est la guerre ; mes idées ne sont jamais claires.

J'ai croisé un gars aux yeux pleins de mosaïques, son regard était fusillé. Mon jardin est bouleversé, les roches se cassent les unes après les autres. L'encre coule ; échec et mat sur l'échiquier. Je n'ai jamais craqué, la pression pousse à avancer. (C'est si dur d'être imparfait). Des images s'immiscent, les fantômes me hantent. Je me réfugie dans le son, le rythme. Je m'entête, quelques mots sortent. Je ne veux pas rentrer dans la guerre civile, j'ai si peur, seule avec mes mots vides, mes compositions échouées. Mal-être sans sursis,

24 sur 24… Loyauté envahissante... Ma pire crainte : trahir un idéal que je ne cerne pas bien ; Je décolle ; Voyage dans l'infini. Paisible mirage. Miraculeux marécage. Poussée ambiguës ; Pensées hypothétiques, vide hypnotique. Indéfinissable voyage de l'autre côté du miroir, comme une abstraction du monde ; Monde étouffant, suffisant, suffoquant. Mes idées ne veulent rien dire, le schéma est impotent ; l'avancée, un péril pourrissant. Enivrement paradoxal, torrents d'existence.

Trop de questions ? Je ne lâcherais pas cette prise de tête. Je ne fais déjà plus partie du délire. Je passe à nouveau de l'autre côté, je ne sais pas ce que je fais là. Peut-être que l'avenir n'est pas tout entier perdu ?
Une touche d'espoir au travers la fumée de mon splif.
J'ai un corps et un esprit omni bruler. Rien n'est simple, je ressens tout. J'ai honte de ne pas être ce que je voudrais…Je suis une adolescente pleine d'acné et d'angoisses, troublée. Je me dénude devant toi. Tout est flou encore, ça m'épuise.
Mélina

Mélina,

Continue à écrire. Je parcours ta lettre, mon stylo rencontre cette page. Écrire est « un dégagement virtuel » tu dis ? Je pense être bien placé pour le comprendre, en moi les mots s'abreuvent. Peut-être que tu te laves avec les mots ? Moi, j'organise, je classe, je suis un « archiviste » au sens plein du terme…Dis moins vulgairement, je suis un alchimiste, un pianiste, je combine mes processus et je les isole en même temps. C'est un vaste sujet, je t'en reparlerais.

Cinq cents francs de livres viennent d'arriver chez moi ! La plupart était en promotion à moins de 10 francs ! J'ai réorganisé ma bibliothèque par ordre alphabétique et par siècles afin de les appréhender et puis j'ai lu… Le mariage de figaro, La dame de pique, Ubu roi, Macbeth, Tartuffe, Le cid… Je suis accepté à la Sorbonne ! Je dois devenir une machine à lire et à écrire, sans perdre pied sur le monde extérieur.

Mélina, il est tard et demain je pars camper quelques temps, continue à écrire, ce qui vient.
Jonathan

Jonathan,

Plaisir de te lire mon alchimiste ! Ce mot est mystérieux…La lecture de tes lettres n'est pas seulement passive pour moi...

Félicitations pour La Sorbonne !

J'ai honte Jonathan, je suis habitée par un immense besoin de destruction, de barrage et de gavage ; L'alimentaire affectif, une absorption constante de mon esprit et paradoxalement mon corps opère un relâchement. J'ai quelques phases de conscience, une envie de facilité, comme le désir de m'enrober. Tout ceci abouti à une sorte de gavage existentiel. Souvent un trop plein de sentiments superflus et extrêmes vivent et m'angoissent alors, la vie simple, elle-même, retombe. Ce corps, est un traitre pour l'esprit. J'ai besoin de m'absenter du monde.
Certains garçons m'ont sali et je m'en veux d'avoir autorisé ça.

Je suis enfermée dans un monde créer de toutes pièces, mon corps est vide. Vertiges. Je devrais donner plus de substance aux choses. J'ai besoin d'argent, d'un travail et de gagner ma vie.

J'ai un fantasme de savoir immense. Vu les gouffres en moi, souvent, j'ai peur de la pathologie. L'angoisse me paralyse. Qu'est-ce que la normalité ? Les effractions régulières sont assouvies trop facilement. Hypothèses insensées. Rien ne colle ni ne se rétabli. Resurgissant, un hurlement demeure au loin. Une déchirure qu'il faudra porter en l'état, ne pas rejouer trop brutalement.

J'avance, à chaque carrefour de mes mots, Check point, mon nouveau billet de voyage est poinçonné. Je reste une enfant sans âge dans une temporalité pétrifiée. Il faut comprendre, une enfant nue, enveloppée est portée dans la nuit. L'enfant est porté, comme un rêve traversant la neige. Seule une femme peut apporter l'enfant à l'autre rive. Et parfois dans les rêves les plus doux, de l'autre côté, le père attend ; Il est là et rêve de la femme. Il veut attendre la femme de ses rêves. Le père est souvent de l'autre côté du rêve.

Le rêve ? Mais qu'est-ce que c'est ? Les récits des prisonniers me hantent. Cette circonscription des Enfermés me traverse. Leurs mots, sont les mots de l'attente, les mots de la patience ; L'espoir inavouable sans son allié fidèle : la déception.

Les prisonniers c'est nous. Nous sommes tous prisonniers de nous-mêmes.

Bien à toi, sois en sûr.

Mélina

Mélina,

Ici, j'ai emporté tes mots. Échec et mat ! Tiens, j'ai joué moi aussi aux échecs. Jamais je n'avais pensé faire une partie de ce jeu !

Pensons « le mal » comme un pur joueur. « Le mal » à l'avantage d'agir avec plus d'objectivité, d'organisation, d'efficacité. Il a une réaction de pure adaptation logique à son environnement et s'il se sent surpassé, quand les potentialités d'actions s'ouvrent, trop nombreuses, il utilise la logique la plus sûre par rapport au risque de défaite.

« Le bien », lui, a le désavantage matériel d'apporter trop souvent une touche sentimentale à ses réactions, dans les moments où la logique imposerait une décision ou un choix allant à l'encontre de ses considérations sentimentales. L'avantage du « bien », est de réagir s'il se sent sentimentalement saturé, d'une façon, pour la logique du « mal », presque imprévisible ; « le mal » doit fortement s'adapter à ce milieu mouvant et former, en parallèle, une chaine de stratégies afin de PRÉVOIR, d'organiser des actes généraux.

« Le mal » est un calculateur, il anticipe, il ne perd pas de temps, il est efficace car il ne veut que détruire « le bien » … « Le bien », sait que « le mal » est un joueur sur l'échiquier, il doit connaitre sa propre position, celle de l'ennemi et, en plus, gérer ses contingences sentimentales ; il doit PROTÉGER et donc aussi, entre autre, éradiquer « le mal » …

Je vais aimer ce jeu. L'adaptation est une question pour la psychologie de masse. La compréhension intime du jeu est d'avantage dirigé vers une psychologie individuelle. En résumé le « Mal » s'adapte à la matière brute mais sans pouvoir percevoir la matière mentale du « Bien » …

Mélina, nous partageons la douleur, les beautés et les inflexibles conséquences « du moi » pris en considération. J'aimerais maintenant partager avec toi, non plus les théories praticables, mais celles plus ou moins extravagantes de nos découvertes sur la matière. Partager l'état du chercheur. Lorsque certains aspects seront dégagés, l'origine interne disparaîtra un peu : pensées, rêves, illusions, mirages, sensations… Il restera la brutalité de base, la feuille à portée, le virement d'air à la note, l'atome à la pensée, le clitoris à l'amour, la cause à la conséquence. La machine broyeuse de l'existence nous pulvérise par ses gouffres noirs, ses oppressantes et inhibantes vérités…le même mécanisme nous fait subsister, par ses immortels mystères, d'éternels enfants.

Les sentiments sont terribles, (surtout les plus forts), car on se suicide pour le plus puissant et c'est pour cela que c'est une connerie. La neurasthénie est le plus horrible des sentiments et la lassitude, souvent oubliée car d'une intensité invisible, est la plus sournoise.

Succomber à notre intelligence ou à notre biologique ? l'un est moins bête, mais tout aussi con. Il faudra malgré tout pousser son existence à aller plus loin car ni la philosophie, ni la psychologie, ni l'artistique existence, ne doit chercher à entamer des rapports destructeurs envers l'être support biologique ou l'être support mental.

Ton partage d'humanité me parvient, sois convaincue du mien, Mélina. Ton esprit est noble, nous partageons la même quête et j'ai attendu longtemps ce petit trésor ! Cette belle matière raffinée, on ne peut la ressentir qu'en la subissant.

Une pensée intime et profonde vient d'autre part aujourd'hui et pourtant, elle provient aussi de moi-même. Vortex de profondeur, où communique, avec moins de parasites, une âme à une autre. Je n'ai point la sensation d'être observé avec toi, mais celle de marcher avec une personne sur un sentier. Je ressens un alliage de mon être au tien. Un commun accord nous éclaire, pour une durée indéterminée, courte ou longue mais solide. Plus solides que les échanges de raisonnements entre philosophes.

Tant mieux si nous sommes paumés, nous nous soumettons, Mélina.

Jonathan

Jonathan,

J'accepte de partager la route ; Cependant, ton corps me manque, mes mots sont souvent absents ou absurdes.

J'ai repensé longuement hier à notre discussion à propos du souvenir. Mon rapport au bordel est préoccupant, du moins en apparence ; mon but serait de relier les choses correctement ; Que les trésors de l'âme puissent s'entretenir ainsi que les secrets et les souvenirs. Je voudrais atteindre une sorte d'état de résonance éternelle. Une boite de Pandore ?

J'aimerais, ouvrir un espace où je peux voyager. Une plage de sens et de musiques, d'émotions et d'odeurs reviendrait à travers les mots et les objets supports. Le temps d'une vie ne permettra jamais de tout dire, mais à la fin, il pourrait rester ça, pour clore et transmettre les infinis trésors des instants. Chaque place à un désir mais les portes restent très souvent fermées.

Jonathan, peut-on sortir de l'immédiateté des choses sans provoquer la mort de l'instant ?

Mais attend, je réfléchis, l'instant est irréel donc immatériel, juste un mot, un outil ou une projection, n'est-ce pas ? Les objets sont donc des représentations et l'esprit insaisissable me hante.

Comment utiliser les objets ? Épuiser les secrets ? Est-il possible de tisser des liens justes, francs et purs avec toutes ces représentations ?

Mélina

Mélina,

Je saute sur une feuille pour te dire deux mots ; J'étais à la Fnac, j'écoutais de la musique et soudain, j'étais comme drogué sans drogue ; Illuminé sans chavirement. Tout était devenu limpide, ça semblait irréel, mais ça ne l'était en rien : Mon cerveau raisonnait nettement plus vite, plus intensément et j'avais de délicieuses vagues cardiaques…

Cela marque sûrement de nouvelles ères de ma personnalité. De Fœtus à gamin j'observais le monde. De gamin à terminale je me suis adapté au monde et j'ai majorée tout ça par l'imagination ; De terminale à médecine, je me suis ouvert avec une acceptation de cette deuxième naissance. Maintenant, j'ai la volonté d'harmoniser mon imaginaire avec le monde et mon enveloppe charnelle. Une nouvelle ère de forage et de préoccupations débute.

Ainsi les vagues cardiaques, j'aurais pu le remarquer avant, c'est quand mon inconscient se déverse dans ma conscience. Ce sont les décharges de mes vérités latentes et le flirt avec mes points de blocages. Des sortes de révélations prises dans le tourbillon sensitif du lieu de bataille où j'étais présent. Quand je me forçais à m'éloigner de la zone d'écoutille, les picotements disparaissaient. Mais dès que je retournais à ce point sensible, et quelle belle occasion de se sentir jouir et exister cardiaquement ! Les picotements étaient là ! C'est formidable.

Jonathan

Jonathan,

Je nous ai vus tous les deux. Nous étions allongés dans une forêt. Il y avait des lucioles. Paris est si loin d'Avignon…J'aimerais saisir aussi bien ton corps que tout ce qui me parviens de ton esprit. J'écoute Ben Harper, je pense aux jointures de nos corps. Quand nous verrons nous ?

J'ouvre mes volets à l'instant, la nuit est déjà tombée. J'aimerais que ton cœur s'agite sous mes caresses, c'est ça qui serait formidable, Jonathan.

Mélina

Mélina,

Le sens de certains mots reste immobile, du moins, j'aimerais parfois. J'ai apprécié l'écoulement des jours antérieurs, mais il y a eu beaucoup de désagréments. Moi aussi je voudrais te toucher Mélina. J'ai l'impression approximative d'avoir vécu une atmosphère de lassitude très énervante et monotone, de la grisaille intellectuelle comme si je n'avais plus accès à certaines ères où mes sensations étaient encore pleines.

Hier je suis mort, mais aujourd'hui ressuscité. Mes dilemmes mentaux sont indigestes et je suis malade de l'éloignement de toi. J'ai connu des moments de détente, de courte durée. Mon sexe se tendait vers toi Mélina. Je t'imaginais.

Merci pour ton image dans la forêt. Elle grandit en moi. Je piétine de tous sens, clairvoyant au désir, pour décrire une masse informe. J'ouvre une porte hasardeuse, un embranchement de mon couloir mental et je m'adresse à toi. Et tu sais sur quoi je tombe ? Sur un « moi » s'écriant à une foule théoriquement captivée par un dialogue véhément.

Il crie un peu trop, comme un dictateur, mais c'est parce qu'il s'investit de toute son âme. Si le tyran classique est enchainé à la connerie, le mien s'époumone à la raison et il dit : « il y'a deux sens chez moi, du mot liberté ! ».

Il reprend autour d'un court silence : « Il y a le plus attendu, le plus controversé, la liberté À l'homme et le plus implicite, celui qu'il faut considérer, une liberté POUR l'homme ! »…

Il y a des approches moins conceptuelles et plus proche de l'essence de la liberté.

Mélina, certaines choses n'existent pas pour notre conscience mais le rappel peut éveiller tant de souvenirs ou d'avenirs reclus. Quelques bribes nous parviennent, floues mais frappantes. Aussi à un moment, j'étais en pleine après-midi, exposé au soleil du jour, mes yeux se sont clos. Soudain, tu étais proche de mes sens. Il y avait un chant, parvenant de très loin, dont je ne sais retrouver les paroles, et brutalement j'étais accroupi en position fœtale dans un tunnel noir, une nuit dans les préludes de l'automne…

Je t'envoie cette lettre. Elle porte mes pensées et mon amour et aussi l'espoir, que nos corps se rejoindront bientôt.

Jonathan.

Jonathan,

Je tarde dans ma réponse. Penser à toi est douloureux pour mon corps. Ici les instants sont saturés de réalité matérielle, tangible. Je dois avancer concrètement. À la maison ce n'est plus tenable, la solitude me pèse. Je ne suis pas faite pour être seule. Nos âmes sont liées mais nos corps sont distincts. La distance entre nous est terrifiante.

Maintenant, je suis inscrite aux ASSEDIC. Je vois bien que Papa boit vraiment beaucoup. Il tremble dès le matin. Je ne fume plus du tout depuis cet été ; Voilà, Jonathan, j'ai 2O ans et je suis chômeuse, déjà…

Au guichet des Assedic, aucune confidentialité, longueurs… Ils nous ont parlé comme à des chiens errants. On est coincé dans une société d'apparences et de jugements ; Ils m'ont proposé de faire un CES. (Contrat emploi service). Je vais travailler dans un centre médico psychologique ; Je serais agent de service hospitalier et ça me permettra de m'immerger un peu dans cet univers. J'ai le trac mais espoir de pouvoir bouger.

C'est la rentrée, les enfants sont heureux et beaux. Je t'embrasse, ne sachant où tu es. J'imagine que tu rentreras en fac de lettres bientôt.

À toi.
Mélina.

Mélina,

J'ai travaillé aussi pendant un mois entier dans une agence immobilière où j'ai tenu le rôle de « rapiéceur ».

L'argent manque souvent et l'honnêteté encore plus, si tu savais…Je suis plutôt obtus concernant la vérité.

Tu es un être raffiné et barbare. J'aimerais te jouer du piano, nous trouverions la vérité sensitive ensemble. Parfois, dans la musique, les demis tons occasionnent quelques gènes. J'écoute Rachmaninov et j'aimerais le faire avec toi.

Sept rêves me sont venus à la conscience, j'ai pu les consigner dans le registre dont je t'avais parlé. Je continue à écrire mes histoires. Je les ai même bien fouillées dernièrement ; J'écris une histoire futuriste : Au début du roman le héros dort avec sa femme, il fait noir dans la petite chambre, ses yeux de jour et son dentier baignent dans un verre de liquide physiologique, sur la table de nuit. On voit ce que voit l'œil en premier : une ombre s'introduire dans la pièce, puis s'approcher et le tuer. Cet objet mort est pire qu'une larve. Quand l'homme se réveille avec ses yeux de nuit en plein jour, il voit sa femme, tous les contrastes et les détails sont amplifiés. Puis il aperçoit la tache de sang, explosant dans les couleurs pastel et lumineuses de l'arrivée du jour. Là, commence une enquête. Le déroulement l'amènera à tout autre chose que le meurtre de sa femme…

J'ai rencontré un personnage fort intéressant et touchant, excité par les équations de l'univers. Il s'accorde néanmoins plus aux conséquences qu'aux causes. Pour ma part, je préfère considérer les pièces entre elles dans la grande mécanique, mais j'ai de belles hésitations et des moments mal assurés dont il se moque. Il tripe à s'emplir de mon apparence gênée et vulnérable, alors je m'extasie de son air d'ordinateur qui se tape des queues informatiques, jouissant sur les 0 et les 1.

Il fait 32 degrés, une brise douce et lente parcours les plaines. Le barbare, cuirassé par le baiser éternel de la nymphe vierge des illusions, s'en ira, porté par ses volontés de conquêtes extérieures vers des révolutions moins guerrières. S'il meurt, il ne connaitre pas la mort car ses considérations interprètent la mort comme une étape supplémentaire et un renouveau éternel…

J'ai fait mon inscription à la faculté et l'aménagement de mes horaires. L'établissement est très moderne et beau. Les demoiselles semblent attisées par la sensibilité des lettres ; Plusieurs sont fort charmantes et échangent volontiers. Je reste cependant tourné d'une manière tout à fait spéciale vers toi Mélina.

Jonathan.

Jonathan,

J'ai reçu ta lettre et j'ai passé une sale soirée. J'ai mes raisons pour garder tant de silences. Mon encre est devenue vieille et pâlie. Notre histoire est aujourd'hui incomplète et il faut cependant l'accepter. J'aimerais pouvoir te laisser complètement tranquille mais je ne le suis pas moi-même. En moi, trop de con-fusion ; tant de déception. J'ai les yeux et le cœur enflé. Un mal-être profond. Qu'est-ce qui m'habite et me bute ? C'est le gouffre. Je me lève à midi. Tête en vrac. Je suis patraque et mes idées matraquées. Mon âme est en détresse mais je vais m'en sortir. Le travail sera long et dur mais je sais la lumière au bout.

Mon cœur était blessé, tout s'est embrouillé pourtant ce n'est pas le résultat que j'attendais. J'ai des sensations de dérapage. Je fais des pas foireux. Je me prélasse sur ma petite personne, c'est l'enfer. C'est toujours les montagnes russes. A chaque secondes les données changent, je suis un peu perdue dans l'immensité des choses. Je n'arrive pas à faire mes choix,

trois mots tournent : Inquiétudes, solitude et avancée.
Besoin d'échappement en dehors de moi-même.

Il n'y a pas d'autosuffisance.
Idées de révolution.
Envie de bouger.
Je bouge à bientôt.

Mélina

Jonathan,

Je suis à l'H.P., je fais le ménage. Je m'arrête tellement je dois écrire. Je suis arrivée en retard au taf. Je lutte un peu aujourd'hui. L'excès n'est pas une bonne chose.

J'ai rêvé de toi. Je devais décrypter quelque chose mais je me suis réveillée. Je devais lire une liste déjà connue, mais il fallait mieux la lire pour comprendre. Tout s'est embrouillé à cause du réveil. J'ai peur, c'est flou.

J'ai envie de combattre, j'ai honte. Je t'imagine avec des hordes de femmes intéressantes et libres, alors que je suis bloquée là, avec mon balai. C'est déjà une énorme chance pour moi...

Ma Défonce, mon petit mode de vie, c'est ma seule prise de risque, mon inconnu secret, mon mode de lien. La défonce, c'est d'autres perceptions possibles à ma portée, c'est un monde dans le monde, si dangereux, triste. C'est une sortie vaste mais sans issue ; plus t'avance dedans, plus ça se resserre autour. C'est un style, une déconnection. C'est rapide, simple et irréversible. Attrayant mais ça me rend dingue. Ça t'élève pour mieux t'enlever. Ça ouvre des portes interdites et en referme d'autres.

Un patient est en face de moi, il a écrit un truc, il a observé et il est parti ; j'avais peur qu'il entende mes pensées. Il dit qu'il entend les pensées… Y a d'autres patients, je vais bosser je peux plus écrire pour l'instant.

Triste. Secrets cachés au fond de moi.

Mélina

Madame, Chère Mélina,

Vous avez écrit tant de choses… Par où commencer ? Dois-je répondre à vos maux ou vos mots ?

Ô infortune du temps, diabolique règne de la fuite… Mon esprit aussi est une prison. Vous m'envoyez des vérités entrouvertes et des illusions découvertes. Moi non plus, je ne désire pas rester dans ma solitude. J'essaye d'être plus ouvert et décontracté. Parfois, je plonge en mon royaume, décomposant chaque son et chaque sensation. J'écoute les potentialités de mon corps. Peut-être, Mélina que tu pourrais essayer ?

Lundi dernier fût mon premier jour. Je fumais une cigarette dans la cour. La journée était fraîche. Je lisais le plan de l'enseignement sur l'antiquité. Un groupe de filles est arrivé, ce qui m'arracha à ma lecture. Elles me proposèrent une cigarette. Je la refusais modestement, profitant tout de même de ce moment d'interaction pour glisser, dans ma négation, quelques sourires plus affirmatifs. Une fois leurs cigarettes consommées et crevées au sol, la plupart d'entre elles, s'en allèrent sous une vague de tabac gazeux. Il restait une seule demoiselle, assez jolie et un peu froide, d'une distance imposée par une bulle de solitude épaisse. Elle semblait nerveuse. Je la contemplais, par plaisir et pour intensifier ma lancée dans un autre mode. Puis je me relançais à l'envers, dans mon propre intérieur quand elle se mit à parler. Elle avait une voix presque inaudible et très rapide, ce qui ne facilitait pas la compréhension de toutes ses tirades ; elle semblait être une boule d'énergie entourée d'un halo-sourdine. Une extravertie sans excès. Un combat intérieur se produisait et elle l'étouffait. Une tornade interne la tourmentait à bas bruits…

L'avantage pour toi, Ma chère Mélina, si je peux me permettre le parallèle, (car chaque femme me ramène à toi et à ton absence, sache le…), c'est que tu sembles assumer l'existence de tes ouragans…

Je n'étais plus habitué depuis longtemps, à une interaction physique avec la gente féminine et tu ne peux pas savoir à quel point je me suis senti « rouillé ». Au bar, nous allâmes vers le fond des choses, et elle m'a suivi assez loin ! Cette fille est peintre et nos « arts » respectifs nous ont probablement liés. J'ai pris du plaisir à la côtoyer, mais sur le plan amoureux, rien ne s'est franchement installé. Elle semble avoir un lourd dossier affectif et une difficulté à exprimer son attachement, une sorte d'âme en peine cherchant à s'en sortir. En un sens, Florence (c'est son nom), me rapproche de toi.

Mélina, comprends, je prépare mon âme, mon corps et mon esprit aux déluges frissonnants de solitudes. Ton absence me pèse et à part te proposer une entrevue, un court instant, entre deux gares, je ne sais plus quoi faire. Je garde un sincère flambeau d'espoir. Tu toucheras d'autres instants, plus aériens. Aussi, si mes mots, sur cette lettre te paraissent encore insuffisants (les mots le sont toujours, Mélina) ; Je t'envoie ce texte, il a été écrit pour toi. Cherche encore, je t'en prie.

« Où es-tu ?
Attend, je sais ! Tu contourne cette montagne. T'as le soleil derrière, ça m'irise la rétine !
Ça y est, j'te vois.
Ah non, c'est juste ton sillon !

Mais tu fais ça avec des larmes ?

Je peux les fendre ? Mais ça va briser leur ligne !

Oh, ma belle, tu avais fait ça pour moi !?

Attention, coupure proche, je perce dans trois secondes !

Deux

Un

Connais-tu le chant d'un violon qui pleure ?

Profond comme le gouffre où lentement tombent les seconds ensembles. Soyeux comme l'instant s'entrouvre lorsque, enfantant la finesse de tes gestes caresses, soudain il me rattrape. Profond comme mon cœur s'échoue au vallon de tes seins, de tes lèvres, de tes refrains...

Et connais-tu le divin mariage des sens ? Lorsque la musique devient flamme ; Que le feu apparait givre ; Que le froid scintille ; Alors carillonne la Lumière...

Lorsque ta main devient souffle ; Que le souffle t'emprisonne ; Que l'enclave devient reine ; Alors ta main me libère...

Où es-tu, Amour ?

Je veux t'embrasser, t'offrir un baiser chargé de ce que j'ai ressenti pendant que se fendait la ligne !

Ça y est, je te vois !

Je te rattrape.

"Bonjour, Madame !

Où volez-vous si vite ?

Ah bon, vraiment ?

Que je vienne contre vous ? Mais déjà je glisse sur votre cou !

Oh Mélina, regarde !

Là, en bas ! Incroyable ! Ce que fait la brume sur la mer et ce bateau pêcheur !

Vient !

Lorsque ton corps devient source ; Que la source m'inspire ; Que le mouvement est ancre ; Alors que pointe notre ile au levant des horizons. »…

A toi Mélina,

Jonathan.

Mélina,

Tu ne m'as pas répondu et je fonds, ton absence est intenable dans une certaine mesure. J'espère ton bien-être et ton évolution de toute ma personne. Je voudrais te voir, peu importe si le temps est court. Qu'en penses-tu Mélina ? Écris, ce que tu veux, mais écris je t'en supplie.

Ce temps il me fait voler vers toi. Il me fait entendre les rires qui m'enchantent, la femme délicieuse qui me hante. Autour de mon cœur, de la musique et de nouvelles images, sous un parfum étrange et enivrant. Mon cœur, toi et le tien se donnent la main. Ce ne sont que des images, mais elles sont tout de même là.

A toi.
Jonathan.

Jonathan,

Aujourd'hui je cherche et me heurte à l'absence de ma propre matière. Il n'y a aucune transcription de mon expérience fine, de mon récit où seraient déposé mes fragments. Je ne trouve rien, sauf les ruines et les lambeaux de chairs s'éternisant sur les feuilles ou entre quelques lignes insignifiantes et inexploitables.

Je suis tapie dans l'ombre, sautant sur ce qui surgit chez l'autre et dirait un endroit de ma propre condition. Toujours cette traversé au loin, je suis transpercée et je porte ces récits qui ne m'appartiennent pas. Je les abrite comme autant de mystères qu'il ne faudrait pas percer, ni répandre.

Quelques fragments incompris et incomplets hantent mes coffres. Mes pensées sont des fils entrelacés, emblèmes vivants, et magmatiques. Songes omniprésents ; pourtant je me retourne, je tourne les pages et il n'y a que du vide, aucune trace vivante ; des poèmes et du rap, des mots trop courts, projetés trop violemment, fracassés sur la feuille. Je ne peux rien recoller, ce serait une infidélité supplémentaire et une perte de temps, une autre chose encore, une nouvelle chose déjà fatiguée ;

Un corps s'agite, se prête ou s'immobilise. Il porte tant de caresses, de souvenirs, de liens, de fusions mais rien n'est marqué en dehors de ses pleurs. En ses creux persiste l'absence de traces, l'empreinte est bien trop présente et enfoncée dans ma chair. Elle ne laisse, à cause de son relief immense, aucune chance à la trace du présent de bien s'y déposer.

Je n'ai rien. Je suis, mais je ne sais pas qui, ni quoi. Je suis les lignes des autres, au travers ma propre musique au loin. Une musique indistincte, comme les ruines de mon passé. Elle n'existe pas encore mais on perçoit sa chaleur. Alors, s'imprime la forme d'un trou. La musique provient d'autre chose et vit. On ne sait rien de son essence ; Juste un rythme couplé, clandestin, comme on monterait sans titre de transport dans un train de marchandises. Aucune trace, aucune partition ne l'inscrit et si on essaye de l'entendre, on n'entend à peine quelques frémissements soulignant sa présence lointaine…

Elle n'a envie de rien, elle ne connaît pas l'envie. Je dois vous dire, Jonathan : elle existe. Mais ni vous, ni moi ne savons à quel temps et à quel espace elle appartient. Ni sa nature, ni sa structure n'est perceptible. Il faut juste se laisser aller car la liberté ne se met pas en cage. Elle flotte dans des sphères inconnues et se décrypte par fragments. De tout petits morceaux incompréhensibles échappent. La musique intérieure fuit en permanence.

J'ai remarqué la profondeur et les Échos permis par les corps. Cette butée supporte beaucoup plus que nos préoccupations et actions quotidiennes. Ces corps sont inhabités, car la musique les traverse seulement. Parfois si elle se tapie au fond d'un corps, elle est morte où elle dort d'un sommeil éternel. Les corps eux, sont envahis de présent banal et infidèle. On les remplit de théories indigestes, et tout le monde fait semblant de comprendre. NOUS faisons semblant de comprendre pour ne jamais ressentir

L'écrivain lui, marche à l'aveugle. Pourquoi n'a-t-il pas peur de donner à voir tous ces contours de matières ? Je ne sais pas. L'écrivain, si je comprends bien, n'a pas peur dans ces lieux, il a peur du moment où il croisera à nouveau la matière et les autres corps tenus ensemble avec la gravité du monde. Il y a des endroits où il n'existe que ça, cette gravité intarissable, aux enchaînements chronologiques et à la géographie sûre.

Peu admettent ce que la littérature fait. Peu admettent que les écrivains sont des chercheurs. Ils ont à faire à des objets non conventionnels et communs. Ils se promènent seuls dans des chantiers, des forêts et écoutent ce que font les corps de loin. Ce que font Les Échos de ces corps. Et, s'ils sont très fort, ils le disent dans des livres réels, des livres en papier.

L'écrivain n'invente rien, il entend et il voit. L'écrivain ne fais pas un rêve. L'écrivain le perçoit. Avec toute la difficulté de la langue et de la traduction, il essaye de retranscrire quelques couleurs, quelques contours, quelques accords. Et après tout ce travail, on arrive encore à penser que la littérature est fantaisie, qu'elle n'est pas sérieuse… ? Pourquoi ?

Mélina

Mélina,

Tes mots sont forts et touchants. Bonheur de sentir à nouveau tes ailes battant vers moi, en mon cœur agité ; les souvenirs et les instants se délient…

J'ai des réveils matinaux aléatoires ; parfois des contingences spirituelles ont fait passer les cours en arrière-plan. Les tensions folles de mon être s'inversent. Il n'y a, ni perdant, ni gagnant mais des blessés. Avec le temps, ils vont guérir. Après s'être remis de la bataille des impulsions, je tente d'utiliser mes nouveaux pouvoirs.

J'ai, planant au-dessus de ma main gantée, une bille d'Energie qui grossie de jour en jour : Résilience.

J'ai, volant en mon cœur battant-déchiré, une Pause-ficelle qui recoud et me montre un chemin : l'artiste Ecriture... Ma Femme d'encre.

En leur compagnie intime, je marche en des rues, de l'Esprit et de la ville, qui ne sont plus dépeuplées... Ecriture la soufflante et Résilience l'inspirante...

Mais parfois, c'est le flash ; un moment fugue de l'Âme, enfanté par un Objet de la réalité hanté par Elle...A ce moment, Blanc, soudain et violent, tel un éclair perçant un ciel sans nuages ;

Et le grondement-sensation,

Grondement-détresse ;

Tristesse.

Puis son roulement, moins sourd, plus lointain mais si long à s'éteindre ; si long à s'étendre...

Vient alors l'embrun soucieux, la pluie des raisonnements, les rivières de pensées ; Ces averses souvent stériles, qui semblent vouloir effacer ce qui n'est que de la Lumière... Enfin, sous ce brutal enchantement, je reviens à la réalité, décalé par un Instant si puissant qu'il m'a éjecté d'elle.

Alors il faut soit courir, et rejoindre les Hommes, soit s'asseoir, s'allonger et s'écouter soi-même. Quand je m'allonge ; j'entends encore mon Enfant d'Elle qui pleure ou crie sous la roche où je l'ai enterré. Sans comprendre son langage qui ne traverse pas entier les profondeurs, j'entends sa voix, sa tonalité, parfois suppliante, parfois blessante. Sans lui répondre, j'attends sa lente asphyxie... Dans ces nouvelles premières quiétudes, lorsque j'entends mon gosse, je me dis avec une ironique sagesse qu'on ne peut sauver seul, ce qui vit pour deux...Il commence déjà à être fatigué de mes silences ; il va s'endormir...

Me voilà sous ce nouveau ciel, d'office un peu brumeux par les circonstances de mes études, les éclairs se font moins aveuglant ; D'autres lumières cependant apparaissent dans le ciel, des étoiles de jour ; des graines d'Orphelins ; mes futurs Enfants...
Mes futurs Amours des choses et des Gens...

Ma demoiselle, je voudrais vivre avec vous quelque chose de vrai, de fou, quelque chose de toi. N'oublie pas !! Baisers

Jonathan ;

Jonathan,

Je découvre mes propres paysages dans les lignes des autres, dans tes Pas-je.

Le courage n'est finalement pas d'affronter la feuille blanche mais les pages noircies et de respirer devant les fragments qui ne se lient pas, devant la fin qui ne vient pas. Toujours ce besoin de suite pour dépasser. Il faut que je survole, que je plane, que je m'envole très vite, plus vite que moi-même, jusqu'à l'atterrissage. Ensuite les pas s'affaissent par terre à nouveau et le corps s'emplit des mouvements retenus.

Aujourd'hui j'ai fait un examen oculaire, mes pupilles encore dilatées, laissent la lune se décupler. Je vois tellement la force de la lumière que je ne peux pas m'approcher de la source.

Avec les autres je suis toujours la suite de la musique, l'écho de leurs envies, comme si mes propres formes n'étaient pas incarnées, comme si elles refusaient d'emplir des matrices préconçues ; Les tapis de mots gisent à terre, je marche, je communique avec les racines, et l'histoire file au-delà.

Jonathan, bien avant nos corps, nos mots autorisent l'exil, le trajet de nous-même. Vallée de l'âme, aval de l'être, qui coule, fuit le silence en relief. Sa traversée restera tentative, extraction des vapeurs épaisses et entrevues. Quelques surgissements nous fondent et nous relient intimement ; il y a aussi, l'empire caché au profond de chacun. L'homme s'arrête à l'entrée de sa grotte où la nature glisse et où gisent les lames de nos cœurs.

Je me recueille ce soir, devant ton visage que j'enterre peu à peu car il s'efface.

Mélina

Mélina,

Merci d'avoir répondu, tu ne peux pas savoir le soulagement que j'ai ressenti. Ta voix délicate et rassurante.

Nous nous rencontrerons bientôt encore. Je te le promets.

Reçois cette image d'eau, comme le symbole de ce qui nous porte.

Je t'embrasse encore comme hier, follement.

Jonathan.

Jonathan,

Près de toi, l'esprit se tait, c'est dans le corps. Nos voix se reposent et seuls nos regards s'éveillent. Nous avons joué, nous nous sommes touchés et ça me manquait vraiment. Quand nous sommes réunis, les couleurs deviennent intenses, les odeurs et les atmosphères sont autres et nos mots n'y peuvent rien, sur le moment.

Près de toi, des portes s'ouvraient, des choses se dessinaient. Des choses tellement nouvelles qu'aucun nom ne s'y collait. T'avoir revu, c'est comme une chute dans le vide, mon corps oubli les paliers de décompression. Ça me fait du bien de repenser les images que nous avons réveillés.

Comment bien te dire ? Nos contacts, les plus infimes et imperceptibles, sont déjà pour moi des tourbillons d'harmonie.

Au passage, le piano à un grand sentiment d'abandon maintenant et je pense qu'il te remercie encore pour les caresses offertes. Aussi, il me reste la douce et profonde empreinte de tes mains et de ta bouche sur mon corps, heureux de t'avoir enfin retrouvé.

Le temps et l'éloignement nous a offert une approche plus riche. J'ai enfin eu l'impression d'avoir le droit de te toucher, cela m'me apparaissait comme une évidence.

Quand ton train est reparti, des éclats de toi riaient encore au creux de mon âme. Le cœur et la raison s'écartent. Arrête de me lancer des sorts, je ne veux pas mourir d'amour. Comment ferais-je pour défaire tes empreintes ?

Je plonge dans mes songes, armée un peu de toi et je savoure déjà nos prochaines retrouvailles.

Tu reviendras ?

Mélina.

Mélina,

C'est comme redonner au sable sa forme rocheuse d'antan. Faire passer notre lien de fumée à matière alors que nos corps séparés tombaient l'un pour l'autre un peu poussière… Mais quelles poussières et quelle fumée, quels grains de sables étaient ce pour qu'ils brillent encore malgré l'absence ?

Nos vies croisées se sont étrangement effleurées, percutées et partagées. On s'est enfin retrouvés. Je suis honoré d'être une source jaillissante d'autant de plaisirs, madame. Et votre source, dit-on, se laisse bien boire jusqu'à l'ivresse.

Je ne veux pas déchirer ton âme entre le cœur et la raison, je te veux toute entière ma chérie. Cette harmonie s'instaure entre nous simplement, sans trop de volonté. Nos réponses se complètent sans effort et sans grande implication. Une page du livre est posée sur toi, l'autre sur ma jambe. Elle ne se touchent pas les pages, ni les jambes, cependant le livre est ouvert.

As-tu remarqué Mélina, le nombre de discussions simultanées que nous entretenons ? Une comme deux enfants adultes, une sorte d'euphorie débordante, un désir assoiffé de communiquer. Mais il y a aussi une connotation sensuelle sans gêne ; L'empreinte d'une attirance, à ce jour jamais dépassée.

Je ne savais plus l'appartenance des mots tombant entre nous. Je capturais le temps, me soûlant de ce moment paradisiaque. Tu m'embellissais par ta simple présence, je rencontrais un sentiment puissant, le sentiment de l'amour jamais exploré dans ces proportions. Cela me portait, vers une euphorie et un bien-être.

Tu étais exquise, ta voix délicieuse, ton visage innocent, malicieux ; la dualité de ton âme, fragile et merveilleuse ou forte et acharnée me rappelait immédiatement la mienne. Nos deux esprits oubliaient la forme et faisaient dans le fond de la pièce l'acte spirituel par excellence, l'accomplissement de l'amour.

Sorti de ce long et mystique moment, je volais, plus aérien que le train…

Faites de beaux rêves. Je vais me coucher, moi l'alchimiste, tentant de préserver un peu l'or de ta présence aux creux de quelques songes. Des tourbillons d'extase atteignent quelque chose de fou et de rare, voire de sublime.

Tu te balades parmi les derniers souvenirs de nous, bercés par les objets-acteurs secondaires de nos scènes, ainsi le piano cristallise des plaisirs qui l'ont effleuré ?

Quel honneur de te sentir bien à mes côtés, sans nuages, de pouvoir goûter une de tes caresses spontanées.

Mon royaume sera bientôt dans l'ombre mais sous mes paupières, le sommeil est bercé par un soyeux refrain.

Baisers aux creux de ton cou.

Jonathan.

Jonathan,

Tu sembles défier le temps, j'allais t'envoyer des lettres perdues, et tu inities le mouvement, je déchire l'enveloppe et milles papillons sortent sous mes yeux. Merci pour toutes ses sensations, tout ce possible.

Mon amour, tu modifie mes perceptions, tu exaltes mes sens, comment puis-je te nommer ?

Chaque Mouvement à un sens profond et chaque caresse s'est gravée à travers ma peau et s'en va beaucoup plus loin.

Je t'embrasse.

Mélina.

Mélina,

Qu'ai-je eu ? Que vient-il de se passer en moi ? Quelle flèche si violente…. Je meurs, ma dualité s'effrite et se sépare en trois. C'est une douleur calme et profonde, belle mais perçante. Je sens mon esprit mourant… mon énergie s'éteindre, comme s'il passait sous un tunnel.

Si dure est la puissance de l'esprit, brutalement illuminée. Mes mains tremblent terriblement comme un gros moteur. Ma plume vacille. La douleur est terrible, bien que l'instant soit beau… le plus beau.

J'ai pris, en compagnie de mon frère une cigarette… Je suis plus reposé cependant la chose perdure. Maintenant ma mémoire va devoir parcourir les champs battus. Et pour plaquer ça sur le papier, je te le demande : Est-ce qu'on recommencera ?

Je voudrais que notre rencontre reprenne consistance car ce détachement et cet attachement provoque des à coup délicieux dans tout mon être. Je viens de comprendre des choses révolutionnaires ! je suis peut-être fou, mais je suis plus que jamais dans ce monde. Ou alors, c'est bien une illusion, et pour ça, merci illusion !! Merci, pour la profondeur, la joie, le gouffre de souffrance que vous m'avez causé. Il faut maintenant faire honneur à ce monde, à cette pure puissance.

J'aime le monde, de toute mon essence car il est mon corps, l'expression est la toile de mon tableau, de mes œuvres intérieures ! J'aime ma représentation de l'image du monde.

Laisse-moi charger l'onde, je vais t'expliquer. Je suis irradié par nos instants, dont je souhaite les souvenirs inaltérables. Tout ça mêlé à la jubilation des changements qui s'opèrent en moi. Tout converge Mélina, laisse-moi t'expliquer : Hier soir, j'étais chez Ali et nous discutions d'une nouvelle futuriste que je m'imaginais écrire sur le l'homme se voyant au miroir. Puis, de digressions en digressions nous avons vagabondé sur mon dossier « trinité » : Le côté « artistique » : les sensations. Le côté « psychologique » :

les réflexions. Le côté « philosophique » : Celui qui découle des actions…

Et vers ce moment, il est arrivé une chose surprenante. Une révélation ; Jusque-là, je considérais mon esprit en deux dimensions, une partie consciente de mon esprit et une autre partie, pas du tout régie de la même manière, l'inconsciente.

Ma partie dite « philosophique » est celle que je connais le moins, car je commence à peine la quête « action dans le monde ». Cette partie, est la volonté d'harmoniser mon image du monde avec la réflexion de cette image.

Là, je comprenais le merveilleux dans l'harmonie du corps et de l'esprit, je comprenais cette symbiose. Mais mieux encore, je comprenais subjectivement le corps et l'esprit, comme deux « personnes », alors cette volonté d'harmonisation, les désirs, les répulsions, les craintes devraient être considérées également pour une troisième « personne » à part entière.

De la matière brute, nos sens créent une image du monde ; de cette image, l'esprit peut être subjectif et profond, et de cet esprit s'échappe la volonté :

l'âme. L'âme serait l'alliance entre le corps et l'esprit ? Alliage de matière brute du monde et de matière raffinée…

Je sentais ce soir-là cette révélation. Cette voix du corps exprimait une sensation délicieuse, la plus mystique vécue jusque-là. Le corps faisait des frisions, je sentais profondément enfoui dans mon être, l'intuition d'énormes coffres à idées. Je frôlais un lieu où sont comprises l'élite de mes mécanismes internes, une vitesse de temps éternelle, un monde de matière ralentie et un monde d'esprit foudroyant.

Je sentais les coffres se déplacer, ou moi-même, c'est encore très difficilement descriptible. Je me sentais aspiré, oubliant mon corps, les sensations extérieures. J'étais siphonné consciemment vers des couches spirituelles de plus en plus profondes et mes sensations, mon corps comme dans un rêve se déconnectait de la réalité.

Souvent notre esprit s'adapte au corps avant tout, à l'extérieur, là, j'avais arrêté puis inversé la machine ; le corps me faisait ressentir ce que pensait l'esprit… Cette sensation merveilleuse divinise presque chacune des impressions de l'existence tellement elle est unique.

Les mots peuvent aux mieux rappeler cette sensation, l'écriture ou toute autre forme d'Art, ne peut retranscrire avec précision le fourmillement, le bouillonnement d'existence qui se produit alors. Puis la chose est venue, la vérité, matérialisée par le corps, dimensionnée par l'esprit.

L'âme, s'abreuvait à la conscience. L'esprit, en premier, fut touché. La phase intuitive se transfigurait en phase objective.

Depuis toujours Mélina, je savais cette sorte de « trinité » mais Là, les mots étaient le sol et en marchant sur ce mot « trinité », je trouvais enfin l'endroit, le concept qui perça le coffre. Je tombais littéralement dedans. Comme j'y pénétrais, le corps, m'accorda l'accès aux sensations et inversa le processus…

C'est la plus grande pièce jamais découverte dans mon esprit, énorme, un tiers de moi-même ! J'ai ressenti cette trinité littéralement. Le temps fut multiplié, la puissance d'éternité dans l'instant fut incontestablement mon plus grand pic existentiel. Mon corps, autre part, mais toujours conscient du monde, s'était divisé. A l'apothéose de la révélation, je senti une flèche me transpercer. Une flèche chaude et délicieuse, mystique.

Si une rencontre avec le divin peut se produire, je me la représente exactement comme cela : Une chaleur intense enrobe l'être, conscient de savourer, en absolu, l'existence du moment. Un prolongement des instants. TOUTES les années passées, furent à ce moment-là absoutes de toutes peines. La vie, pour cet unique moment d'essence intérieure, valait tous les sacrifices…

Enfin, les images ajoutées au plaisir du trésor trouvé… Je n'ai pas l'habitude de ce genre de phases. J'ai senti se vider un flux d'images, de pensées en une organisation minutieuse des zones de tensions.

Il faut ressentir cette sensation pour la comprendre : l'atmosphère, non pas celle découverte à travers soi-même dans le monde, mais la Grande-Atmosphère de notre être entier, sa configuration changea. Comme si « trois » mélangé consciemment à « deux » se retrouvait enfin à « un dans les uns ». Cela dura cinq énormes minutes avec mon être transfiguré, complètement abasourdi, comme un fou sait, seul, qu'il découvre des mystères impartageables. Puis je revenais lentement au monde et je le perçu bien plus distinctement. Mes sens, mes désirs, étaient bien plus pris en compte. Je commençais à raisonner sur mon âme, bien plus profondément. En parlant, j'avais l'impression d'avoir trois têtes. Une, ressentait et décrivait le monde ; une autre, agissait ; et cette familière étrangère, nettement plus limpide que dans mes pensées passées à son sujet, parlait et bougeait mon corps, harmonisait mes pensées et mon ressenti.

Je décomposais ma conscience en ces trois consciences, je passais d'un monde en deux dimensions à trois et toutes mes moindres pensées en furent simplifiées. Une porte s'ouvrait et ma double conscience s'écoula dans une troisième cervelle, vide mais déjà prête. Son fonctionnement avait été préconçu, par toutes mes excursions théoriques et pratiques. J'étais préparé par mes schémas un peu flous et ma théorie mentale, intéressante, mais encore sérieusement branlante. Ce soir, là, de « la conscience de l'amour » je passais à « l'amour en soi » …

Ô Mélina, merveilleuse sensation d'extase, que de ressentir cette troisième dimension apparaitre en mon sein... Je comprenais de façon nettement plus limpide, ma théorie ; Ses cotés branlants se corrigèrent, convertis à l'instant, comblant une énormité de blancs et d'ambiguïtés, de contradictions en découverte fructueuse.

Ce fut la plus belle sensation consciente connue à cet instant de mon existence. Le monde m'apparut plus intime, plus simple. Une foule de petites révélations s'ensuivirent car respirer, penser et parler avaient un sens, une unité, un absolu nouveau. Je passais à un niveau supérieur en tout point...

Lorsque je suis rentré chez moi, sous le choc tout de même, car ce n'était pas la nourriture gazeuse qui me provoqua cette illumination, ni un outil, ni une connaissance en plus... Une vision consciente et théorique des choses venait de se transformer. Jamais je n'aurais pu imaginer la venue d'un instant aussi précieux. Mes visions, duelles et trinitaires cohabitaient ; Je pensais à un sujet et il se convertissait à ma conscience, en tripartition.

Quand je vis mon père, je ne pus m'empêcher de lui faire part de ma découverte. Il ne sembla pas percevoir le sens de mon exaltation. Il me répondit analytiquement et d'une froideur nette, des bribes de culture philosophique parlant de trinité. Mon amour pour lui, dépoussiéré des couches intellectuelles obscures, me piqua comme un pieu intense. Cet amour n'était plus combiné à une tension, mais à une grande tristesse. J'aurais tant voulu qu'il puisse ressentir un fragment de ce moment. Je passais donc d'ombres en ombres, comme un rôdeur de la nuit, brave et profond, évitant les sources de lumières.

Voilà pardonne moi, ma lettre est longue, mais je n'avais pas l'intention de dormir avant de t'avoir raconté tout ça. Je l'ai écrit avec le mouvement de la symphonie de Sibelius. Cette musique me fait ressentir une tristesse énorme. Mes yeux larmoient des morceaux de nostalgie et de douleur. Je trouve, en la beauté de la profonde douleur, des perles heureuses et nobles régissant le monde. Le sentiment puissant de tristesse artistique par excellence ouvre d'énormes pulsions créatrices. J'essaye de faire du brasier, une apaisante lueur. A bientôt Mélina ; Fais de beaux rêves, ici, il est trois heures et demi et la fatigue me pousse à conclure maintenant. Je suis sûr que mon lit chatoie ton parfum. Ça me convient.

Jonathan.

Jonathan,

Pardonne-moi, tes mots étaient merveilleux ; comme des sucreries raffinées. Je suis honorée de pouvoir te lire, honorée pour tes adresses. Ces phrases où je te vois butiner la vie passante, ces gravures, court-circuitent la brutalité du monde… J'aurais tellement à dire mais, je préfère ne rien rajouter sur tes peintures.

Je cherche moi aussi. Je me concentre sur des questions relatives aux transmissions, aux liens, c'est obsédant. Je devrais me servir d'avantage des émotions mais celles que ta présence génère semblent indomptables. Je suis effrayée souvent et il me faut, comme tu le vois, un temps assez long pour digérer ce que nous vivons et échangeons. Ma maison est pleine de tes présents envoyés. Ton corps m'a serrée le ventre de désirs et ce sentiment ne s'éteint pas mais il me transporte, au-delà des soupçons du possible. Je me surprends à rire toute seule, lorsque, je me retrouve devant nous.

Je vais bientôt partir quelques jours, vers l'Espagne. Je t'emporterais. Nos mondes si différents pourraient avoir une chance de s'effleurer…À quoi bon détailler ce que tu fais naître en moi ? A chaque rencontre…

La force de notre approche, tantôt énervante, émouvante, excitante, vive, échancrée par le temps et la lutte à chaque fois pour ne pas me perdre au milieu de ces provocations, entraînant tour à tour un trouble profond, une anesthésie littérale ou une exaltation terrifiante.

Tu me réveilles, tu me mets à nu. Quels plaisirs de découvrir ces sentiments ; tes étincelles amorcent mes explosions internes, jouissives mais horrifiantes par leurs teneurs. Un orgasme de délivrance.

Aucun mot ne peut avoir une place juste dans cette atmosphère brûlante. Figée et seule à présent dans ce bouillon d'émotions, quelque chose de tragique mais d'évident vient de se produire ; transformation. Empreinte. La force de ta caresse à suffit à me déshabillée et je suis seule maintenant dans ce trou de chaleur, folle de joie, de peur et de doutes.

Je rentre dans une transe insaisissable, couverte de roses piquantes et douces que tu jettes sur ma peau. Le vent de tes mots provoque une danse que je subis sans pouvoir bouger. Ils me caressent violemment, comme peuvent le faire tes mains et le plaisir continue. Mes défenses tombent et se brisent en silence. Le temps s'arrête, il n'existe pas, plus rien n'est, sauf ta chaleur.

Il faut que je parte, mais je sais que je ne t'ai pas quitté.

Mélina ;

Mélina,

Je pense à notre étreinte et je sombre dans la mélancolie. Je voudrais être là. Puis, je pense à toi et j'ouvre la porte ; je t'envoie quelques rayons du ciel azur afin qu'ils baignent ton cœur.

Reviens moi de l'Espagne, chargé de trésors, ma favorite, mon fol amour, je te souhaite un bon voyage en pleins de baisers chargés sous le vent. Tu es pleine de vie, de richesses et tu m'enchantes.

J'écoute encore cette musique de mon cœur, les violons errent en chaos, puis d'un passages les cors s'éveillent et balancent l'esprit, comme un bateau partant au large sur une mer infinie, pleine d'espoirs bercés fermement mais lentement par les vagues. Une autre phase de violons chaotiques enchaîne une nouvelle fois sur les cors. L'air désespoir reprend, transfiguré d'une coloration de mélancolie, pour s'achever enfin…

Sensations délicieuses ! mélancolie s'empare de moi avec une puissance décuplée, devenant douleur calme, étrangement mariée à un plaisir immense.

Je sais la métamorphose, je la comprends Mélina. Je sens tellement mon ancien moi mourir pour laisser place à un nouveau.

La douce agonie catalysée par ce passage mélancolique, se déchire brutalement. Je souffre terriblement même si cette naissance-mort est merveilleuse.

J'atteins le fond de mon être, ma conscience épouse le nœud où toutes tensions se mélangent dans mon terreau intime et le nœud se défait.

Le ciel pâlit, le soleil s'étire sur son dos encore froid et gelé et moi, je vais bientôt dormir après avoir complété le monde jusqu'à l'aurore.

Que cherches tu à propos du lien ?

Jonathan

Jonathan,

Je trouve ta lettre à mon retour. J'aime tes images sur le ciel et la naissance, j'ai pu vivement m'y engouffrer.

Je me souviens des moments d'Espagne. Le vent formait des couloirs autour de mon corps et son bruit heurtait mes pavillons, ce petit lieu de recueil, avalait le sifflement du vent. La mer du jour était étonnement calme, les vagues, s'attendaient les unes et les autres. Elles s'enchaînaient et dessinaient sur le sable, étendues sur le rivage, l'onde mouvante de leurs vas et vient persistant. Tandis que les grains de sables s'écartaient, mon corps s'enfonçait, l'enfance était légère et murmurait à voix basse les incantations de demain. Les bleus, ciel et mer, se mettaient d'accord pour former un étau, par où la mâchoire du monde s'ouvrait à peine, au loin, par le bas, avant de disparaître dans les nuages noirs. Dans cette proximité des éléments, la tempête imminente s'annonçait.

Ce voyage n'était pas essentiel, juste une virée superflue. J'ai pu écouter la mer et me rapprocher de son pouvoir Fabuleux ; celui de renvoyer et ne revenir à rien.

Je n'ai pas à cœur de gaspiller plus de mots. Je voudrais te parler de mes recherches à propos du lien, Jonathan, je vais essayer de te donner une sorte d'introduction, un tour de cadran. Il faut remonter loin pour comprendre l'origine d'un être.

Disons que nous nous situons au début de la vie, au lieu de l'entrée dans la matière. Mais avant ça, il est indispensable de rappeler une chose : je vais te donner un schéma basique, donc exclu de son propre contexte, exclu de la réalité. Comme quelque chose de cadré, un gros plan, sorti du décor, idéalisé et déréalisé, au sens vulgaire : un objet d'étude. Or, subsiste en moi une conviction : impossible de comprendre une partie des choses sans avoir restitué un peu de leur globalité…

Pour aborder le lien, je vais te parler d'un être et essayer de l'extrapoler. Il faut donc parler de ses parents. Mais en plus des parents, il y a aussi le contexte du monde lors de son arrivée.

Deux personnes se rencontrent, entre les deux désirs. Ils ont une envie, il faut une fusion, la gestation et si tout se déroule bien, la naissance (tu conviendras qu'il y a déjà beaucoup de conditions préalables pour une simple naissance !).

Aussi avant les deux êtres, il y en avait quatre, et avant seize…. Sans compter tous ceux, autour, interagissant dans la rencontre mais aussi dans la séparation et dans toutes les étapes du lien.

Chaque être est donc, lui-même divisé, de ces rencontres. Chaque rencontre crée donc chez lui une nouvelle facette de l'identité et, engendre l'évidence d'un autre en lui.

Revenons aux deux personnes de son origine (qui ne sont dans l'absolu pas deux mais un nombre incalculable). Paradoxalement, pour ancrer le phénomène de la naissance, ces deux personnes vont devoir passer par l'épreuve de la perte : perdre un peu de soi pour devenir un parent, un ami, un amant… pour donner quelque chose à l'autre, il y a une chute.

Dans le lien autour d'un enfant, il y a l'effet de partage (né de l'imaginaire), avec cet objet « unique », issu du désir et de la fusion ; l'objet devenant sujet, va casser un peu ces imaginaires ou les cultiver.

Dans un autre mouvement, les imaginaires des parents et des autres vont façonner l'enfant, participant au fameux « contexte du monde » dans lequel l'enfant arrive.

L'enfant perce l'imaginaire, intruse l'intime des parents par sa présence réelle, qui « demande ». Les parents, pour s'adapter, vont devoir transmettre. Une transmission brute, teintée du projet imaginaire propulsé dans la réalité. Ceci provoque une séparation fondamentale.

L'accompagnement est difficile à mettre en œuvre et aussi, le nouveau-né doit décider de prendre… et les parents de donner. Il faut trouver des accords interminables. À quel moment on fait pour l'autre et à quel moment on le laisse faire ? À quel moment il est juste d'être présent et à quel moment il vaut mieux s'éloigner ?

Ensuite il y a d'autres aspects importants après la transmission, la réception et l'accordage ; Ce que l'on lègue et passe malgré soi, à notre « insu » …

Arrive la socialisation, l'enfant plonge dans le monde d'où il se fait propulser ailleurs. Le lien, s'étend. L'origine reste, elle est la toile de fond.

L'enfant est bercé par la voix et les gestes, ce qui le désuni à l'autre et le rassemble. La parole des parents, n'est pas qu'une parole adressée à l'enfant, c'est lui donner un moyen de répondre, d'entendre et d'être entendu.

La transmission prend forme, l'enfant joue, mange, apprend avec d'autres. La sexualité se déplace. Puis vient un nouveau moment de passage. Souvent, à l'adolescence, il y a des lieux d'entre deux.

Après la naissance, la Reconnaissance (la place sociale), ce sur quoi notre être réfléchi. Quelque chose se rejoue avec plus d'expérience, de langage et de conscience. La problématique se déplace et peut laisser place à des mots, les inter-dits.

Premier constat : le temps d'émergence des choses… toujours très long. Il n'y a pas d'économie de temps possible, Jonathan… Sans compter tout ce qui se rejoue, car même quand on a délié des nœuds, souvent ils s'en renouent d'autres ailleurs, un peu comme les mauvaises herbes.

La figuration et la traduction sont des sortes de cassures car dès que l'on a nommé les choses, elles nous échappent encore dans le réel. On ne peut retranscrire réellement...

Agir ensemble ne veut pas dire dans le même espace, mais plutôt dans le même temps. Il faut créer des espaces communs simultanés.

Toute cette réflexion est usante. Il faut la faire en dosant la toute-puissance du savoir, chercher, nommer, puis s'affranchir. Faire avec la peur de trouver ce que l'on cherche. Faire avec ce qui restera dans le silence, qui ne sera pas dit, ni nommé.

Chaque personne est issue d'une rencontre et donc elle est déjà hyperspécialisée, unique, entourée d'un halo issu des transmissions, des rencontres de son expériences – le rapport aux choses et aux êtres d'une personne est individuel et presque impossible à retranscrire. Le processus dépasse la conscience et se reflète partout dans nos personnalités, nos appréhensions du monde, notre langage… Ce qui sous-entend que l'autre, lui-même hyperspécialisé et hyper normé, de cette norme dont il est issu, ne sera pas le même, ne verra, ne touchera pas, ne parlera pas pareil… Il ne ressentira ni n'interprétera pas les choses autrement que par ses filtres.

Il en ressort donc un deuxième constat : impossible contact ! (Je meurs Jonathan, ne jamais se toucher…). La fonction du langage sera donc le palliatif ! Le langage tente de créer un parallèle, une harmonie, un croisement, une compréhension. Mais deux droites parallèles ne se touchent jamais par définition. A partir de là, à quoi cela nous sert de se leurrer sur le fait que l'on pourrait se rejoindre ?

Tu sais pourquoi j'ai pris le temps de décrire tout ça ? Parce que je me questionne j'ai peur. La solitude restera entière et irrémédiable et je suis en train de l'accepter. Pourquoi s'entêter dans des dialogues de sourds où chaque chose évidente pour soi veut dire, pour l'autre, d'autres choses ? Chaque chose à plusieurs facettes, ainsi quand un objet est entre nous je vois un côté, tu vois l'autre.

Conclusions : On ne peut échanger avec l'autre que lorsque l'on est convaincu de cet impossible, au sens strict du terme. On ne cherchera plus à être compris ou à comprendre mais on aura la capacité de marcher à côté du lien et non l'illusion d'être dedans…

Je vais te laisser là pour l'instant, je tombe de fatigue. Je ne sais pas si mes propos sont très clairs, mais dans la forme, j'ai essayé de te dire un peu ce que je recherche dans la question du lien et du langage et là j'en arrive à saturation.

Mélina.

Mélina,

Voilà bientôt deux semaines que je suis absent. Merci pour cette longue explication sur tes considérations du lien.

Je lis tes notes avec toute mon attention et des choses émergent. Je ne te ferais pas l'affront de te proposer une réponse toute chaude, mais je t'entends. Je suis heureux que tu puisses écrire tout ça. Nos échanges sont bruts et parfois écrire est aspirant, fatiguant et décevant. Ce sont des cardiogrammes de nos être, consignés sur papier. Nos pensées respectives s'étoffent au fur et à mesure.

A l'instant, je suis dans ma chambre et j'écoute la deuxième symphonie Rachmaninov pour la centième fois de ma vie. Je viens de finir de déjeuner avec ma famille...

Les repas, chez nous, sont toute une histoire et je me prépare parfois, avant de rejoindre les miens, à une humeur électrique. Je suis souvent privé de ma patience superficielle, évoluant dans la succession des rêves et de la nuit, m'extrayant des couches profondes et endolories de mon esprit. Parfois le plus petit mot de travers, hypocrite, ne considérant rien, la volonté de domination ;

un proverbe jumelé au travail, à la société ou pire à une passion passe-temps, peut me faire aisément virer de phase. Mon esprit reçoit tellement un choc négatif sur la journée à peine commencée que je m'énerve, je deviens froid, emporté, ironique, lassé et enfin presque insultant. Je montre toujours ma vérité, même diluée au centième de son importance. Pourtant, ce brunch ci, s'est passé sans encombre, avec un ton de voix juste morne, une lueur de stress et une tenture de dispute… quelques informations tacites furent échangées… Le pire, c'est la fin du repas, le dessert, zone potentiellement dangereuse car toutes les tensions ont eu le temps de s'accumuler et de d'augmenter ; l'heure de la clope arrivant, l'esprit s'excite et s'impatiente de mieux en mieux.

Ce repas-là s'acheva lorsque mon frère sorti précipitamment pour aller aux toilettes avec une envie effrénée, pas forcément consciente de se déconnecter de l'ambiance. Mon père également poussé par une sensibilité extrême annonce, rapidement pour ne pas s'attarder sur le sens de sa phrase, qu'il va « promener le chien ».

Pour mon frère et moi, le chien est aussi notre couverture mais nous le laissons voler à grande vitesse, et il semble heureux. Le mot symbiose serait plus approprié.

Hier j'ai joué du piano, j'arrive maintenant avec une mélodie simple à faire parler le piano. Une variation devient un accord, une intonation puis histoire.

Je viendrais à Noël Mélina, seras-tu là ? Écris encore sur les liens, ou ce que tu désires.

Des baisers pour vous Madame.

Jonathan

Jonathan,

Merci pour ce moment partagé. J'aime te lire, imaginer ce que tu vis, traverses dans tes liens au gens et aux choses… Jonathan, si tu arrives encore à lire, je veux continuer à te parler des théories sur les liens.

Prenons deux personnes dans une même pièce. Dans cette pièce il y a une table. (Blanche ronde, avec 4 pieds et située au centre). Les deux personnes généralement vont pouvoir décrire la table. Elles parlent le même langage-code. Elles vont être d'accord sur les termes « de base » pour décrire la table, sur le langage, issu de la norme. Elles pourront se dire « ceci est une table, blanche, ronde… ». Elles vont peut-être réussir à décrire en termes communs la table. Seulement, la table qu'elles voient, n'est pas là même pour chacune, selon leurs histoires, le contexte, l'expérience, l'état émotionnel ou physique, la perception de certains détails, selon ce que leur rappel cette table, selon le temps qu'elles ont pris à la regarder, selon la perception que la table leur donne de l'espace, leur place…

Quel lien peuvent avoir ces deux personnes, si ce n'est le fait de regarder un objet et d'en dire quelque chose ? De plus, on ne peut plus dire que cet objet est « unique », puisqu'il est différent pour chacun. (Et si ça se trouve, elles ne sont pas dans la même pièce mais chacune est l'écho de l'autre qui est ailleurs / pire encore, si on parle d'écho et du temps, qu'est-ce que le présent ? N'est-ce pas, en un sens, qu'un écho du passé ? Mais je n'aborde même pas ces aspects-là ici…)

Comment dire que les personnes communiquent ?

(Et si l'autre n'était que soi-même ? Ou un autre en soi ?)

Reprenons, je m'égare un peu…Deux personnes dans la pièce, ne se parlent pas, mais se touchent. Imaginons, le mouvement de la première personne sera perçu par la deuxième et inversement. Elles seront toutes les deux d'accord, probablement, pour, au moins, convenir du ressenti d'un mouvement. Mais les sensations ne seront pas les mêmes.

Que veut dire fusion alors ? Y a-t-il un point de fusion ? Les corps se touchent ils vraiment ? Ils semblent se toucher, certes, mais quelle est la vérité sur le touché ?

Chacune vivra et décrira le toucher d'une manière différente ; là encore il y aura deux musiques... Qu'en est-il de la vérité des deux musiques ? Y a-t-il un point juste qui unit les deux ? qu'est-ce que La vérité ?

La seule chose sûre, dans le contact ou le lien, c'est le désir projeté. Personne ne peut échapper à sa bulle de sensation mais seulement désirer ou fantasmer qu'il rejoint l'autre... Ce fantasme est là, à cause des corps. Alors jouir ensemble, est-ce possible ?

Tu sais pourquoi je parle de ça ? J'ai l'impression qu'il y a quand même des moments de rencontres absolues. Ces instants indescriptibles, trop complets et complexes, trop rapides. Parler de ça, pour moi c'est prendre une responsabilité et une position vis-à-vis de la réalité et de l'autre. On nous demande sans arrêt d'interagir, d'entendre et de répondre ; la justesse est si dure...

J'écris aussi dans un souci de débarras. Je suis amoureuse du lien, de sa fragilité. Il y a tellement d'étapes pour sortir de soi, s'avancer vers un autre. Il faut projeter les choses pour les voir…

J'ai peur de ne pas être à la hauteur. Ta voix étincelle encore, et à Noël quand tu viendras je serais là, oui.

Excuse-moi, pour mes détours, mais mes questions sont sincères.

Mélina qui t'embrasse.

Mélina,

Je reçois ta lettre avec une joie toujours neuve. Tu soulèves comme souvent des problématiques fondamentales. Tu as dû te rendre compte que je ne réponds jamais directement à tes mots, mais je les garde au fond de moi et j'y réponds de tout mon être, en permanence et par touches. Tu vies à l'intérieur de mon cœur et le jardin de ce royaume fleuri et pousse d'avantage chaque fois que tu l'abreuves d'une caresse ou d'une lettre. Sous l'apparence de la tension, coule le temps terrible de la vie.

Voilà un poème clef, de l'enfance, un écrit emblématique. Je te le donne à lire.

POMMES BLANCHES ET POMMES DE SANG

Oh ! Comme un Grand je marchais

Avec cent rêves et passions ;

J'avançais, dos au soleil levant.

Je regardais mon ombre d'Enfant :

Des Formes et de sombres saisons

Où se cache mon Passé.

Mes soleils naissants

Mes plaisirs d'Enfant

Sont recouverts par l'onde du temps

Est-elle morte, ma tendre saison

Parmi mes beaux souvenirs,

J'ai celui d'un champ de vergers,

Où les pommiers fleurissent au vent

Doux, et les fleurs, d'un blanc innocent,

- Mes fous confettis protégés -

S'élancent à l'avenir.

Mes soleils naissants

Mes plaisirs d'Enfant

Sont encore vivant à l'instant.

Elle est bien loin, ma brise à fleuron

Au fils des fruits renaissants

Je vivais, ivre de nature

Et d'encens. Saoulé aux pommes blanches,

Dans l'abandon le Monde s'épanche

Sur Cœur bourré de cidre pur ;

Je chantais mes airs du champ.

Mes soleils naissants

Mes plaisirs en blancs

Sont à nos jours le premier amant

Elles sont belles, mes pommes d'Enfant

Désillusionné du monde,

Mes temps sans remords sont Passé.

J'ai de mes maux, teinté ma Maison

Fleurie ; fanée. « Fane, refleurons ! »

Au sang j'ai blessé mon verger

D'un rouge à vif que je sonde.

Mes soleils en blancs

Mes plaisirs d'Enfant

Sont autant de cœur pleurant l'antan

Elles sont tristes, mes pommes de Grand

Ma demeure je la hante,

Lié par le sort d'être un Homme

Qui a aimé puis s'est oublié.

Âme, veut de son petit effrayé

Offrir à nouveau une pomme

Candide ; sans fer et sans fente.

Mon plaisir naissant

Mon soleil d'Enfant

Est à mes nuits le dernier retour

A ma faim du Monde et de l'Amour

Mélina,

L'art est le plus puissant vecteur de la réalité subjective ; celle de tous et celle de l'esprit individuel, fini en soi. Ainsi, l'imagination, les figures obscures, limpides ou démoniaques, parlent, non pas à la logique et aux sciences, mais au côté existentiel, au rapport de l'être au monde. L'imagination, mieux que la photo de la réalité, est le pilier de la vie, la colonne de lumière, l'expression même de l'harmonie intérieure : l'histoire car l'esprit qui y demeure et y vit est rattaché au monde…

Sein d'une mousse d'argent, scintille en douceur…
Soleil qui bordant à sa pulpe la candeur…
Du matin éclate de nouveau dans mon cœur.

Jonathan.

Jonathan,

Tes lettres sont comme des pas vers moi, tes mots sont des présents rares et précieux pénétrant mon cœur d'une façon évidente et tes poèmes m'habillent d'un plaisir certain. Merci de partager tout ça. Un jour prochain nous serons rassemblés et ça me ravie déjà.

Après les vacances d'hiver, je passerais le concours d'infirmière à Lyon. Ainsi, je serais plus près de toi.

J'ai l'impression, d'essayer en permanence de te montrer que je suis à bord de ton train en route. Tu ne le sais pas vraiment. Tu le sens d'une façon décalée, comme si nos temps dissociés raisonnaient ailleurs.

Reçois, je t'en prie, mes pensées les plus vives elles se chargent de ta lumière. Tu es beau.

Mélina

Mélina,

A la plume d'argent, je trace ces symboles. Au début il n'y a que moi et en fin je suis éclaté dans le temps. Je vais te raconter, pour le plaisir des sensations et pour l'immortalité des instants ma journée de Noël. Bientôt, nous nous retrouverons enfin.

Mon jour intérieur, un engin capricieux, commença lourdement son régime ascendant. Je discernais et subissais alors, vers les onze heures du matin, l'heure curieuse de mon réveil. Mes muscles chauds, anesthésiés par leur torpeur, ma cervelle vagabonde autre part, mes engrenages principaux endoloris par la croisière encore résonnante de mes rêves...

Mon corps, enlevé du lit, survolant les endroits du monde et du temps était encore à la recherche errante d'un instant calme et d'un balancement sans contraintes. Ma conscience reprenait peu à peu ses fonctions diurnes, mon esprit fusionnait des pensées de natures opposées. L'une d'elle, je la ressentais terriblement floue, comme un grondement sous terre qui à la surface où se situait mon esprit s'estompe en vulnérables vibrations.

L'essentielle partie de mon être est plaquée, comme une plume prise dans la toile d'araignée invisible de mes rêveries, encore bouillonnantes, tressées par un Moi des Abîmes et tirées vers ce monde imaginaire que le monde matériel eut enterré trop profondément au sein de mon orbe organique. L'autre pensée majeure, limpide et pour l'instant irrévocable allait véritablement à ma conscience sous la forme de cette volonté, insatiable de retourner au berceau des songes, de rendre à nouveau pleine la sensation précédente.

Quelle lente expression du corps qu'est le réveil de l'esprit ! Je désirais plonger encore dans l'océan onctueux de mes draps en satin. Je voulais me noyer dans ce bleu crépuscule et y sombrer – jusqu'aux ébènes complètes du monde réel. Mais providence, l'impératrice en fit autrement pour ses sujets. Noël était ce jour, et, ma volonté, se convertit au Grand ordre du monde absolu et implacable.

Les plaisirs à venir, la faim du plein qui vide l'esprit, passe souvent, avant d'être consommé par un chapitre de planification. D'un côté, on soupèse notre actuelle condition, de l'autre notre volonté des exigences idéales futures. Entre ces deux fins, il se forme, se développe et se cultive un terrier de questions, d'angoisses raisonnantes et de demandes implicites tournées vers le monde, que l'on se formule à la partie de soi-même qui pourra y agir…

C'est le calcul un peu fortuit, du futur inaccompli, point encore défloré. C'est pour un homme, un raisonnement, tout de même, un peu fuyant et obscur. Le plaisir est cavalier désiré de la monture du temps. Il aspire à le monter au présent et grave ceux passés.

Ces épitaphes d'antan, ces empreintes de sabots, forment un sentier sur lequel on reviendra peut-être. Ces traces sont autant de miroirs reflétant les chemins des volontés Futures. Si le plaisir originel, remonte à la sensation d'enfance, de n'être pas encore tout à fait, un esprit, mais juste un cœur, alors on comprendra que les plaisirs au présent, sont autant de porte qui nous mènent, plus ou moins bien, vers un passé heureux. Le Futur est à l'avance parsemé de pictogrammes d'avant pour soutenir le plaisir de l'instant qui va à sa rencontre.

Notre mère préparait à la cuisine des tartres et mon frère et moi, allions, avides, chercher de l'herbe à la rue. Mon frère avait prévu la récolte avec un compatriote. Malheureusement, c'est à destination que nous apprenions que les vergers ne furent point découverts et que la douce cueillette se fera davantage vers le lent coup du soir qu'à la rosée du matin.

Nous marchâmes alors, l'air maussade, sans trop se parler car on savait qu'il valait mieux être déçu maintenant et ensuite en paix du manque. L'attache des désirs et leurs empires sont parfois alarmants pour l'esprit. J'y pensais en portant l'allégorie fruité de la fatalité. Toutes sortes de pensées peuvent être générées, des plus stériles aux plus profondes… Je sentais en moi couler les contrastes de la vie dans une même rivière. Je sentais encore en moi le combat duel puéril et fatiguant entre mon cœur et mon esprit. Cet état durait depuis trop longtemps.

De retour à la maison, nous nous rendions au grand croisement familial : le repas de midi, plus mouvementé qu'à l'habitude car tout le monde était un peu enivré par l'atmosphère de fête qui s'amoncelle.

Avec mon frère, nous nous empiffrons, à la fin de la table, de pâtisseries arabes, purement délicieuses, et comme le diront beaucoup d'enfants sincères, celles de ma mère étaient vraiment les meilleurs du monde. Ma tendre mère passait à cette époque particulièrement, énormément d'instants dans la cuisine. Elle pratiquait l'art de cuisiner. Lorsque ce n'est pas celui de ranger ou de nettoyer, ou celui de combattre le fléau chaotique du monde…

Je rentrais enfin dans ma chambre et pendant plusieurs heures je devenais plurivalent. J'écoutais de la musique, je parlais avec ma sœur ; je passais le temps comme on mange des friandises, en variant les tailles, la nature, la texture et les goûts. Je savourais le plaisir. Enfin, vint l'après-midi mourant. Je rejoignais mon frère dehors, sans plus y croire autant qu'au matin et nous nous retrouvâmes au même lieu de la récolte rurale. Il y avait en moi, une crainte fuyante. Mais malgré tout un espoir, certes émincé, de goûter l'ambroisie fruitée. L'espoir devenait insistant, refusant de grandir ou de disparaître complètement. Nous revoyons nos camarades dans la ruelle, et nos gestes de salutations étaient amoindris, plus timides et nerveux qu'avant cette crainte et cet espoir. Cette attente finale, bien que nous ne l'eussions pas prévu avait grandi démesurément. L'ami-connaissance de mon frère nous informa qu'il avait rendez-vous dans une heure pour le premier acte. La crainte s'atténua, se convertissant par diverses subtilités, en une combinaison d'agacement et de résignation. Cependant le sentiment originel se refusait de disparaître car j'avais déjà pu jouir d'être confronté à l'incertain dans ce domaine. Mais l'espoir, est la véritable drogue que tant d'autres recherchent. Il reprend, une emprise quasi totalitaire sur le futur.

Je proposais à mon frère de prendre un café au PMU du coin. C'était mon habituel café, un menu estaminet, coulisses de superbes pensées, d'encre pleurant sous un décor plus réel que la barre dorée où mes pieds se posent.

C'est avec un esprit sans égarement, avec une conscience de l'instant superficielle que j'allais rentrer avec mon frère dans cette ambiance si habituelle. Là-bas, j'étais souvent seul sur le canapé un peu amoché et médiocrement moelleux ; c'était, en dehors de ma chambre, la place la plus intime d'où j'écrivais. Un très long néon rose, entourait et éclairait le cœur de l'endroit et lui donnait une touche d'outre-mer.

Une fois rentré à l'intérieur, je me rendais compte à quel point était concentré là, un nombre important de personnes. Quelques couples noyés dans une foule d'homme où gravitaient quelques femmes seules. Le brouhaha du soir était plus inhabituel que celui du matin, intense mais moins électrique. Une quinzaine de voix se superposaient aux tintements des tasses, aux grincements des chaises, dominées régulièrement par un grand rire, ou la détonation particulière de deux verres qui se croisent. Pris dans de sombres pensées et des symboles flous, j'avais quelques pics de clairvoyance qui duraient, tout au plus, quelques demies secondes. Ces moments, étaient enclenchés par des sensations ouvrant une quelconque porte de mon esprit, aboutissant à des lieux plus profond. Une couleur, une odeur, un rire, formaient une corde de fils hérissés, d'éclairs et d'intensité variables.

Moi, la conscience, je suis rattachée à des couches superficielles et à une incapacité d'abandon totale à la contemplation ; je reste un peu sous la surface, légère, agrippée à cette chaine qui lâche prise au début du chemin. Je ne vois pas le bout qui s'enfonce indéfiniment jusqu'à disparaître dans l'autre pôle inconscient ;

Moi l'inconscience, je plane dans l'eau, je savoure les zestes des sensations et le fantôme de l'atmosphère passée et je remonte plus ou moins doucement à la surface. J'attends, en ces gouffres convoités pour m'accrocher de nouveau à une chaîne.

Ainsi, je sentais à peine le monde bouillonner et pourtant, un visage rencontrant une couleur m'emmenait. Où ? Je n'arrivais pas à suivre correctement. L'esprit est capricieux et je suis comme un fou suspendu à l'élastique. Je vois souvent à l'envers. L'envers du monde, un monde secondaire. Ce n'est pas que le monde imaginaire soit bancal, attention, c'est que je suis fou à délier… ce qui me différencie de beaucoup d'autres, c'est que j'ai refusé d'arrêter de faire grandir mon moi-enfant. Ici et là-bas, chez beaucoup de monde, une méchante bestiole s'est insinuée très tôt dans un esprit naissant. Une bête hideuse, repoussant la blessure, le désaccord avec soi-même ; ainsi ils ne préfèrent pas trop réfléchir, car regagner son amour du Monde, passe par l'affrontement de la bête. Les hommes instinctivement fuient leurs craintes, évitent cette chimère. Cette bête, on la voit comme un être informe, au mieux défiguré, qui erre atrocement. Le monstre, fait de gadoue et de peurs humaines, adjointe au plaisir d'autant, rôde ; parfois il trouve et sans tuer, il engloutit, happe la conscience, la trouble, l'immobilise. Dans cette étreinte macabre, où tout l'Homme m'embrasse, où je suis étouffé de peur involontaire, je sens ses lèvres et sa joue, son teint momifié. Enfin je comprends que la forme de la bête, devenue visage, n'est que moi,

Moi,

MOI…

Je – la conscience- me le vois par illusion comme dans un miroir, dans un moi-même minus, dans ce petit m du milieu…mais mon esprit profond, sans cesse en mouvement, mon grand Monde originel, la charpente de mon illusion, les coulisses de ce petit monde, ce grand Majestueux du fond, apparaît sur mon miroir. Il apparaît comme un spectre, un familier étranger. Ce second reflet me trouble d'intuitions sur des différences, d'énormes incohérences et de fabuleuses coïncidences sans limites et sans noms… ce Moi est merveilleux, mais aussi concentré que l'eau pure. Je peux y découvrir, dans des mystiques splendeurs, des salles de tortures subtiles et fascinantes où mes souvenirs heureux souffrent, où je me sens mentalement succomber jusqu'à la victoire. J'y trouve aussi, comme un gosse abasourdi des chambres aux trésors, antiques ou modernes, des révélations fabuleuses sur la beauté face à l'existence du Monde.

Voilà maintenant comment est le fou, enchaîné à son monde ; Et mon passé, comme Gamin qui a peur et s'abrite près de la bête, sans pouvoir fuir, ni imaginer la riposte. Mon moi passé ferme les yeux, avant de se croire mourir, et se voit dans un autre monde. La bête ne le tue pas. Il ne se donnera pas la mort, plutôt perdre la raison. Pour mon Gamin, la conscience de ce Moi est bien trop complexe, certains adultes ne l'ont même pas, et comme, rien n'arrive d'autre que la crainte démesurée, cette superstition, cette féerie inversée de la contemplation, il pense que ce monde bouclier magique le protège du mal extérieur. Un mal qu'il pense véritable, alors il reste dans ce monde et peu à peu les blessures véritables, les auto mutilations involontaires, de façons si pures et intenses, en son sanctuaire, font de son monde, sa chambre protectrice.

En grandissant le rêveur a rêvé, son bouclier devient son royaume, sa règle de conversion peut affronter la grande Illusion, la bête. Il peut tendre vers le miroir limpide.

Ce fou dans la chambre, à bien grandit, il a gardé un monde libre, l'émerveillement est sauvegardé par son illusion. Il finit par faire avec son monde imaginaire un serment d'alliance, entre les deux pôles pour une quête de vérité…

Ayant passé une bonne partie de la journée dehors, pour de l'herbe virtuelle, nous regagnons la maison où le repas s'entame…

Dans la soirée Z. sonne à la porte et nous offre un beau petit paquet. La tension de l'attente s'évanouit, ne laissant qu'un rire à l'âme, qui ne s'extériorise pleinement qu'à la tombée de la nuit…

Dedans, on mange le gâteau, on joue, Minuit approche, les paquets attendent. Nous déballons, je joue avec ma sœur. Elle fait un baiser froissé sur mes mains, (une femme qui naît est une créature féerique sous un voile naturel). On regarde les rosaces à colorier ensemble… certaines musiques passent … Du Proust se réveille… Nous ressortons dans le jardin avec mon frère… Le chien court avec paix.

On passe toute une vie à boire son passé à la burette, et ce soir pour la première fois, d'un plaisir goulu je bois à la gamelle. Tout le monde se couche, moi, je flâne encore un peu, je continue à écrire des poèmes…

Bientôt, je te retrouverais aussi,

Jonathan

Jonathan,

J'aimerais pénétrer l'obscurité dans un sous-marin et répandre de la lumière, beaucoup, en sous terrain, pas sur le devant de la scène, en arrière-plan, tranquillement mais cachés, pas pour dissimuler mais pour s'entourer du voile de la pudeur. Tes profondeurs sont merveilleuses, tes histoires me font dormir le jour. J'apprends les mots, avec tes images, ils s'affûtent en moi, plus rien ne compte, sauf cette solitude nécessaire et dans son antre, sa faille, sa béance, j'y trouve toujours quelques morceaux de toi. Ta lumière m'éblouie…

Les choix, ne sont jamais ce qu'ils disent être, comme le reste. Les choix sont, ils font le chemin, seuls comme le désir et sa course effrénée. Rien ne ralentira ici, c'est déjà passé. Le cycle, cette illusion magnifique, ce cocon, ne nous appartiendra jamais. Merci vraiment tout éclos en moi. Les enclos sont fragiles, ils ne protégeront pas.

Je laisse des heures des mouvements s'attendre, s'attendrir, s'amoindrir. J'ai besoin de décharger mon rythme. Je croyais connaître beaucoup de choses, mais je ne connais rien, rien d'aussi intense. Je vais devoir porter en moi, les émanations de notre chaleur, je vais devoir faire grandir, jongler. J'espère arriver jusqu'à toi, je fais les pas tous les jours, la nuit, dans mon corps, dans ma tête. Je suis guidée par mon cœur et ça reste compliqué. Je ressens tout, je suis ouverte, le bon comme le mauvais me traverse. J'ai besoin des mots, je ne sais pas faire autrement, je m'endors avec et je me réveille dedans, ils sont mêlés aux tiens et beaucoup de choses s'éclairent. Je ressens cette lumière, (tu la portes si bien) ; elle passe à travers les feuilles, l'écrin, les apparences, les blocages et les couches. Je voudrais te donner.

L'écart nous déchire, si chaque partie de nous-même, s'en va dans une direction presque opposée…
Je jubile à l'idée qu'une part de toi est branchée ; fusion d'esprit à esprit.

Je devrais modérer mes propos, calmer mes ardeurs, sentir en moi tout ce qui n'est pas à l'heure, toutes les rides de la vie, les rayures et les trous. Je voudrais te rejoindre pour un instant ou une éternité, au point où ils se touchent et disparaissent. Je n'ai plus rien à perdre, tout est à transformer.

Je voudrais libérer… Apesanteur… Ne dis rien, laisse-moi finir, je veux m'envoler ailleurs, me baigner dans l'océan, me lâcher. Exploser, imposer, juste poser, des mots, des clefs. Avec ces mots-là, je vais bâtir, monter chaque marche, balancer mes pavés dans le vide pour pouvoir traverser. Je vais rendre tous les éclats filtrés du quotidien. Je ramasse tous les mouvements immenses ou insensés et je les renvoie dans le monde. Je n'ai pas les réponses, tu n'as pas les solutions.

Je passe par ton fil, je fais ça sans filet... Je marche dans le vide, je voudrais te rejoindre… Tu me nourris, je mange bien et ça fait tout grandir. Le seul job, c'est de traduire. Je ne crois plus en l'invention. Le raisonnement sincère aide à révéler ; La solution est dans la nature, partout il suffit de ne pas l'oublier. J'ai besoin de mettre des mots pour mieux les oublier comme les notes de musiques dessinées sur la partition. La musique s'envole, l'émotion ne s'écrit pas, elle se vit ; elle est intime. Elle fait danser ;

Peu importe, si on danse ensemble, tant qu'on continue à faire de la musique…

Où va-t-on JONATHAN ? Est-ce que le corps peut encaisser autant de vide ou de plein ? Est-ce que le but est de sentir les possibilités infinies entre absence et présence ? Savoir que ça existe, que tout est lié au-delà de nous et de nos corps ?

Tiens des mots comme des fleurs. On pourrait faire de la musique de ce mouvement, si tu m'entends encore…

Tu me prends par les sentiments et je n'ai ni sentier ni mensonges. Je n'arrive plus à sortir de tes étreintes éteintes, pourtant j'ai envie de vie. Je commence à sentir la souffrance et à me demander si tu en tires de la joie. Tout s'aiguise en moi, mais là, ça coupe ; ça s'ouvre et c'est l'hémorragie, j'ai l'impression de crever parfois.

Comment tu peux être là alors que tu n'es nulle part ? As-tu peur ? J'ai peur aussi.

Mélina.

Mélina,

Il faut entretenir son corps et sa condition. Il t'accompagne toute une vie, le long de ta quête. Beaucoup de fausses natures existent mais travailler sur sa nature n'est pas un vice, on les confond que trop. Je viens de clore une douche délicieuse, si belle en pensée et sensation ;
Ma volonté est si dure à maîtriser…

Aussi je dois te dire une chose, c'est à peine croyable, je ressens et porte une puissance en moi : ma Foi du mot ! J'aime l'écriture. Je vois, pense et ressens ce monde comme un autre Moi. Indigné d'être parfois évanescent au monde alors que ma pensée perfore la matière. Je veux, pour le support symbolique d'idées colorer ce sentiment. Certains se plairons, s'ils le veulent, à appeler ça « romantisme noir ». Pour ma part, je veux aller jusqu'au point où l'écriture serait plus dimensionnelle, plus matérielle encore qu'une suite de mots. Je veux un sens à la parenthèse, au tiret, à la virgule et à la majuscule…

Je veux continuer avec l'écriture. L'intuition pour l'homme a un sens profond pour l'artiste. J'ai parlé avec tragique du romantisme noir, car l'écriture est ma femme d'encre. Je la verrais à jamais derrière les soupiraux des lettres…

Pour ce qui est de nous, je viens dans deux jours, flemme. Ne désespère plus…

A ce jour, mon réveil a sonné. Il a cette étrange aptitude de ressusciter, alors j'appuie sur le grand bouton (le plus intuitif), toutes les huit minutes…Le grand bouton est l'unique moyen momentané de faire taire la minuterie. Voici la scène : Mon bras liquéfier se tend vers ce bouton salvateur et annule la sonnerie.

Aussi, il y a un autre potentiel : celui d'arrêter définitivement cette constante récurrente : il faut, non pas presser celui du haut, mais un des quatre petits boutons à l'arrière de l'engin.

Pour faire une pression digne de ce nom, je dois prendre entièrement le réveil sonnant dans une main et avec le pouce, appliquer la pression désirée. Il est plus simple et nettement moins éprouvant au corps, dont chaque mouvement hors du drap est en lui-même une épopée, de laisser sa main tomber sur le réveil : silence aux huit minutes…

J'ai donc un penchant instinctif pour le gros bouton du haut et voilà souvent mes pensées lorsque la sonnerie immense se présente : ou j'ai à la conscience le fait d'être en retard, d'être sur la mauvaise pente de mes obligations de la vie active pour oser presser difficilement le petit bouton et me lever d'un seul bond et tourner comme un spectre dans ma chambre.

Ou, par le saint Graal des évènements, j'ai la confiance, si ce n'est l'illusion, de pouvoir pour une ou plusieurs tournées de huit minutes, tout bonnement me rendormir…

Dans tous les cas, c'est l'apocalypse de la sonnerie, les Pâques des rêves oscillants entre conscient fiable et conscient instable.

Nous sommes, à présent, au cœur du raisonnement : ce réveil matin et au fond, quand on sait l'utiliser, un monstre de foire ! S'il a été pensé ainsi, c'est machiavéliquement bien pensé ! Ces propriétés indéniables, se confondent parfaitement avec la subjectivité matinale, et l'ambiguïté du moment d'éveil…

Imaginons maintenant le cas du gros bouton : le réveil sonne, (sans décrire le passage du rêve à la sonnerie, toujours trop désagréable) … complètement assommé par une seconde encore fraîche où j'évoluais dans un espace profondément enfoui. Je succombe à l'envie de revenir à ce monde, il me plait. Je lance un regard sur le réveil, le temps est libre et la sonnerie m'énerve, j'appuie sur le gros bouton.

Le silence est rétabli, mon corps s'enveloppe à nouveau dans le lit, la conscience est fragile, mais splendide ; elle effleure juste assez le monde, pour le goûter. C'est un délice sans nom. La rosée intellectuelle est un moment oublié le jour mais recherché, sans tout à fait le savoir ; la solution de relance toutes les huit minutes, moyennant participation physique, donc intellectuelle, contraire à la pleine satisfaction du moment, est, non pas propice à l'assaut du jour, mais au bercement du lit, à sa journée et à sa canicule intérieure.

L'écoulement pur du temps est bu sans nommer. Cette machine est propice aux rêves souvenus, grâce aux balises sonores, excellentes sauvegardes oniriques ! Le réveil est hors de sa fonction implicite… cette fonction ne réveille pas en dehors du lit, mais dedans ! mieux encore, elle permet de replonger, en ayant bu, en plein désert, une gorgée d'eau douloureuse, qui nous laisse conscient, le plus conscient possible, là où l'égarement de l'esprit est si aisé et imprévisible, dans la pleine jungle chimérique…

Après demain est le jour où nous nous appartiendrons ensemble. Je souhaite que tes réveils à rêver, si tu les connais aussi soient féeriques.

Jonathan.

Troisieme partie

Mélina

Mon membre valeureux, perdurait l'ascension de son délire, fatalement condamné à pleurer son plaisir… Le plaisir est solitaire, au mieux, partagé par deux solitudes réunies. Alors, sans théâtre, la source perça sa bulle. Ma main s'agrippa à ton épaule, épousant avec force son relief, son image et sa ferme étreinte…. Ta nuque inclinée et offerte, où tes cheveux d'enfants naissaient de boucles, appelèrent cet amour, tendre et fragile, qui meurt et renaît pour toi en chaque instant.

Mon genou incliné, acculé entre les entrailles bouillonnantes de tes cuisses, à l'impasse de ton sexe amoureux, appelait cette foudroyante passion que je te voue parfois si fort ; ici déversant le miel du plaisir sur ton échine, femme porteuse d'inavouables songes…

Dans ma solitude, mon plaisir, c'était cette pluie que mes louanges couvraient et c'était toi, ma jouissance, ennoblie de ta présence magique, presque étonnante, à jamais délice. C'était toi, ô ma flamme.

Mélina, ton être me hante souvent, telle une obsession aussi délicieuse qu'étrangère. Mes pensées restent blotties contre toi et pour mes rêves quotidiens, c'est le noir cauchemardesque. Mes sentiments sont comme la neige sous les rayons d'aurore.

J'attends tes mots, même les plus simples. Tes phrases universelles portent un moment de mon cœur comme le feraient des poèmes. J'aspire à partager le bonheur du fond de mes veines et le parcours du frisson d'existence, lorsque ton âme et la mienne se racontent des rêves. Si souvent, j'aimerais retranscrire ces phrases à travers les syllabes, ou bien amenées par la spontanéité… C'est impossible. Je ne fais que tendre vers la gemme pure, au mieux….

Nid de baiser ma muse.

Jonathan

Jonathan,

Pour l'instant tu me manques, mais ce manque-là est encore assez frais pour être parfait. La banale guerre du quotidien reprend. Le temps est à nouveau scandé par le travail, les révisions. Je sens les choses se dessiner à leur rythme. Tu fais tellement bouger les choses, parfois trop violemment.

Je tiens à notre lien et je ne voudrais pas le consommer trop vite. J'ai besoin de toi, pour y aller doucement.

Si tu savais ! Tu es bien plus qu'une simple utopie, j'ai envie qu'on puisse se promener ensemble longtemps. Je voudrais voir ce lien germer et devenir un jardin d'une rare ampleur. Nous allons trop vite parfois car notre mouvement est aussi doux qu'endiablé. Je reçois tes mots comme un refrain qui me sort du néant. Ce voyage acharné garde l'espoir d'un nouveau possible. Une nouvelle onde écarte le monde, et je rejoins l'empreinte légère des jointures intouchables. Quels beaux espaces tu m'offres à voir, berçant mes trop pleins de révoltes douces. Est-ce que l'amour se démultiplie ?
Mélina

Mélina

Pulvérisons les barrières, j'ai envie de le faire avec toi. Fend l'air avec ta beauté et ta folie, flirte avec l'excellence. J'ai envie de te combler. L'incomplétude perce mon cœur d'un profond désarroi.

Certaines choses volent en éclats alors que je n'ai pas le temps de les voir tomber. L'image de nos absences, dans mon cœur, semble se galber d'un lustre qui mature mes sentiments pour toi.

C'est beau, je suis heureux, toujours étonné de me sentir seul mais autant accompagné sur je ne sais quel chemin. Je m'en fou, je suis trop fier de marcher avec toi.

Tu coules dans mon monde, tes rivières.

Jonathan

Jonathan,

Voici une anecdote de ma vie. Souvent les anecdotes surgissent dans les trains ou les gares. Je reviens de Lyon, où j'ai passé mon concours. Je suis à cet endroit mobile au moment où je t'écris.

Jeudi, quand je suis partie, j'étais dans un wagon où les banquettes sièges se répondent complètement. Identiques, symétriques et face à face, la singularité de chacun y est aisément mise en relief… Ce jeudi matin-là, j'ai rencontré de plein fouet, la blessante différence. Il y avait une jeune femme en face de moi. Elle avait probablement mon âge, ou sinon, à peine moins. Elle lisait. Au premier arrêt du train, nous avons commencé à nous parler. Elle rejoignait Paris, où elle faisait une « prépa » pour une grande école ; Probablement hypokhâgne. Elle parlait des devoirs à préparer, du savoir à accumuler pour tenter une infime chance de rentrer dans cette grande école. Je l'écoutais avec intérêt parce qu'elle parlait très bien et facilement mais j'étais si loin. Loin de tout ça. Loin de Paris, Loin de toi et aussi terriblement ignorante de ce savoir, dont elle parlait. Je me suis soudain sentie humiliée et nue.

Dans ces moment-là, je suis perdue. Je ressens ça aussi devant les mathématiques. Une perte immense. Encore plus qu'ailleurs, les comptes me semblent logiques, infaillibles, cadrés, squelettiques et aussi froids et incomplets. Et puis parfois, je rencontre des gens qui en parlent ; En vrac quelques mots tombent de leur bouche, alors sans même rien comprendre, en loupant des passages, je prends note de mon inconsistance.

Les mathématiques m'intimident depuis toujours. Une fois, en CE1, j'avais dû avouer à la maîtresse que je n'avais pas fait « La mathématique ». Il y avait eu, du monde à la maison le week-end, papa avait bu beaucoup. J'avais menti pour ne pas faire mes devoirs, profitant des invités captant toute l'attention. Seulement, le lundi matin, quand la maîtresse avait fait le tour de la classe, elle avait demandé pourquoi je n'avais pas fait « La mathématique », en appuyant bien sur mon erreur pronominale. Cela faisait rire toute la classe. Je m'étais débattue sous l'angoisse et la honte. L'ambiance semblait joviale de l'extérieur mais j'attendais vivement le moment de clôture de tous ces rires.

Une erreur grammaticale, LA mathématique ? Un pronom imprononçable... Il n'y avait qu'une mathématique et je ne l'avais pas faite. Voilà comment les mathématiques ont commencé à m'étouffer.

A cette époque, mon père se promenait toute la journée avec son contenant, (le verre de vin), parfois plein, vidé, absorbé, englouti, régurgité…

Une science exacte de l'espace est-elle possible si on considère contenant et contenu ? peut-être n'y a-t-il rien à dire sur l'espace. L'espace et le temps sont des formes pures transcendantales de la science, excentré de la sensibilité humaine. Il n'y a rien à dire sur l'espace et le temps, s'ils sont de simples objets scientifiques. L'univers, le « Cosmos » (j'ai cherché l'étymologie de ce mot), c'est l'idée de rapport. Je crois que la science essaye de rationaliser suffisamment pour trouver une logique du dévoilement convenable. Ecrire une histoire ou décrire le monde est une arrogance continuelle, on croit qu'on touche le vrai. Mais ce n'est peut-être qu'une rupture, une transformation radicale de notre état.

Je ne pourrais pas faire d'études, car j'entends tout de travers. Les mots raisonnent continuellement avec des concepts ou d'autres mots, en dehors des concepts. J'entends des bouts d'images, des infinités, le rien comme un soupir. Il existe des répercussions nombreuses. J'entends tout autour, sauf ce qui a voulu être dit. J'entends juste la musique des paroles si les gens me parlent de théories. J'ai une sonnerie en continue dans l'oreille. Elle décompresse et les échos éternels s'égrènent sur la route de mes conduits auditifs, comme les cailloux du petit Poucet.

Il y a tout de même une clef très simple à propos du langage et de son mouvement, de la progression des mots, de leurs fonctions et statuts : Une langue est vivante et appartient à chacun.

Aussi, la langue est traversée par la science. Ce sont les découvertes scientifiques et mathématiques, qui au fond, mobilisent le plus le langage. La découverte rétablit les connaissances ; la fixité des repères s'évanouie devant une démonstration neuve. Ainsi, la langue charrie le mot, qui ne peut plus contenir le même sens, la même signification. C'est pourquoi l'imprécision reste une vérité admissible ou inadmissible plus longtemps.

J'arrive en gare d'Avignon, je me suis éloigné de toi. A bientôt mon tendre amant. Merci pour tout Jonathan.

Mélina

Mélina,

C'est un peu déchirant de savoir que tu as été si proche. Tu es éloignée maintenant. Je reçois et j'ouvre ta lettre avec joie mais j'y perçoit le reflet de mon corps à l'intérieur comme diminué. Mon cœur, quant à lui est tout tourné vers toi !

Ces instants traversés à Lyon, je les ai vécus à Paris dans une autre dimension. J'étais avec des amis dans un bar à Musique ; Au retour, je me suis endormi assis sur le canapé d'Yvain. Le matin venu, le froid me tiraillait. En me relevant, je me suis cogné brutalement la tête contre une étagère, alors, de mes pensées, j'ai pratiquement tout perdu… Je ne sais comment parle ma raison, elle a une voix obligeante et presque trop suppliante. Le corps ne l'écoute pas ;

Je suis, ces derniers temps, dans une phase de mutations intenses, dirigées vers un domaine bien particulier : celui de la volonté, ou en termes plus explicatifs, de la maitrise harmonieuse de mes désirs. (J'entends par désirs, ceux du corps et de l'esprit). Sans chercher à les classer trop légèrement dans une catégorie, on y trouve : mon impossibilité à être Maitre de mon désir de travailler à la faculté. L'intérêt est présent mais la puissance des choses existentielles au dehors (piano, écriture, contemplation, communication, maturation et je pourrais même y inclure notre lien) tend à pulvériser cette priorité qui est uniquement un idéal auto persuasif…. Je fais vraiment des efforts mais la puissance de l'existence brute est si aveuglante, par rapport à des connaissances bien plus abstraites. Je ne peux apporter un contrepoids suffisant, mes efforts, même les plus timides sont tantôt contradictoires, tantôt contre moi-même, en tant que « conscience à volonté ». Le chemin est long et je lèche le fil de la vie sans le croquer.

Puisque tu parles des mathématiques, les compétences intellectuelles, chez moi, se développent un peu sous la forme d'une asymptote. Il y a parfois quelques soubresauts et de nouveau, un potentiel à développer…

Je préfère, Mélina, accorder un pronom unique à L'écriture, plutôt qu'à la mathématique ; en effet j'aspire à raconter des histoires magiques. Ainsi le mage tient une bougie puis il passe au sort de la torche, à celui de la flemme, du feu, du brasier, du feu sacré et enfin de la Passion. Je suis un Hercule, tentant de maîtriser deux vents contraires (ceux du corps et de l'esprit). Un des deux, tire plus fort, attirant ce héros vers lui. L'autre, son rival, lui répond furieusement et traine le malheureux mortel dans la direction opposée. Tous ces moments, de volonté en éclairs, sont des traînements opposés, des vagues brèves mais puissantes, sur lesquels glisse, s'écartèle et se compresse un corps fatigué du remous. Ces vagues sont stimulantes, elles attisent ma volonté de changer mon rapport des Deux forces, de les harmoniser. (Un peu comme l'injustice, nous fait devenir plus juste). La compétence volonté augmente et s'exprime dans l'amplitude régressive de ces mouvements. Alors, une foule de souvenirs reviennent plus intelligemment ; Mes raisonnements sont plus clairs et je peux compter une trentaine de rêves nouveaux (je n'ai pas pu tous les consigner dans le registre car il ne reste trop souvent qu'un mot ou une seule image indescriptible, perdus dans une atmosphère particulière).

Depuis peu de temps je m'abandonne mieux au piano. Cet instrument supporte l'harmonie de mes perceptions théoriques et de mon corps dans le monde. Peut-être, une autre fois, je jouerais de mes mains sur ton corps la musique qui me vient.

Pour l'heure, je t'embrasse Mélina. Tu devrais m'appeler bientôt.

Jonathan

Jonathan,

Je tiens tellement à notre échange écrit, je t'en parlé encore récemment. Cela fait partie de notre rapport où le temps est une trace d'encre. Les feuilles supportent nos mots, nos recherches et notre amour figuré. Nos évolutions sont portées par cet espace. L'écriture m'excite bien autrement. L'amour des mots infiltre nos corps réels. Ça me semble évident maintenant, de l'angle où je suis et que tant de lettres se sont acheminées entre nous. Ensuite mon corps et tes propres paroles sur l'écriture m'ont orienté pour dire ça. Je suis attachée aux mots, ils sont des « supports », comme tu le dis justement, très sensuels et parfois même érotiques. Je ne le savais pas aussi clairement, avant aujourd'hui. Maintenant c'est évident. Qu'y a-t-il d'autre que l'amour des trous ou des mots entre les lignes ? Sans le savoir nous faisons régulièrement l'amour avec nos mots et nos pensées. Toute cette énergie, cette tension vers l'autre, cette envie de dire pour le toucher…

Ce qui nous parvient et remonte, sans se nommer, de ce trou mystérieux de l'écriture est éblouissant. J'ai l'impression, alors que tu n'es pas là, de ressentir cette énergie et ce lieu d'où tu as écrit ; comme un parfum distillé dans la pièce et m'enveloppant toute entière. Je suis toujours troublée lorsque j'y pense. Cet absolu impossible de la rencontre ne fait que m'exciter. L'écriture est un ciment souple. J'aime ça, même si la volatilité de la vie et des mots quotidien est magnifique, j'aime retenir en moi quelques instants échoués sur une feuille et transportés par elle, dans d'autres corps. Paradoxalement, les choses ne s'enkystent pas mais les espaces s'ouvrent les uns sur les autres et la vue panoramique est délicieuse. J'aime aussi sentir ton odeur, lorsque ton corps est vraiment là… Cette seule pensée me replonge dans la brutalité de l'absence.

Je t'envoie ce courrier, d'autres viendront. A bientôt Jonathan.

Mélina

Mélina,

La nuit est pure sans nuages. La lune est au ciel, un point d'or bosselé dans un noir bleuâtre, comme unique poinçon. Un avion passe et laisse un sillage enluminé par l'aura de l'astre nocturne. Cela ressemble à une longue comète filante... il y a des pluies fines d'écorces sonores dans cette nuit et je te retrouve, en parcourant ta courte lettre. Il est bon de pouvoir se retrouver à travers des lignes et je t'accorde que cela est toujours aussi curieux en un sens. Parler de sexualité est compliqué, car elle est riche et polymorphe. Son trouble condense plusieurs aspects existentiels obscurs et ce biais me convient. Je tiens à cette richesse et à cette polymorphie. Je tiens à cette obscurité car la nuit, les limites sont autres, plus proches de nous, plus intimes ou beaucoup plus loin, séparées.

Je me régale superbement avec nos échanges. J'aime cette excitation tirée du miroir de nos plaisirs. Aussi, j'aime osciller entre mon propre plaisir et le tient ; quand l'un s'efface complètement pour que l'autre prenne un aspect plus pur. Même en gagnant de la familiarité, nous restons si libres pour tant de découvertes, histoires ou conquêtes… je continue Madame, de vous aimer et toujours plus profondément.

Il paraît qu'en l'humain, résonne quelque chose de faux. Je pense plutôt que l'humain s'y résonne mal. Admettons cela sur toutes nos illusions et il nous restera une bouée dépassant l'océan de cette erreur.

La philosophie n'a rien à voir dans ce que je dis, elle cherche à délimiter les choses, et je filtre les tons intéressants ou les formes à la base de notre trame sensitive et temporelle. Quand les solutés des âmes ont réagi avec nos réactifs de l'esprit, il y a deux couches principales (sans connotations péjoratives) : une superficielle et une profonde. Quelque chose sur la chose, comme un ballon, dont le profond d'air aura sa superficialité plastique. Si la superficialité n'est pas, le ballon est redevenu air. Notre logique interne influence la forme contenue, tendue ou relaxée. Il nous arrive souvent d'oublier le fond au profit de la couche, directement plus tangible et accessible.

J'ai lu Atala et René de Chateaubriand, ça me dépayse complètement, Victor Hugo, paraît-il, fut émerveillé par sa plume, je le comprends car c'est époustouflant. René me touche pour l'aspect improductif de ses sentiments et cette errance m'étonne. Il est une sorte de génie, à la solitude mélancolique, difficile, enrageante, paralysante, mais si belle ; Ce génie cherche désespérément les endroits du monde où épancher son trop plein de vie intérieur.

Mélina, je finirais pour ma part par me pencher vers vous, complètement.

Votre Paladin.

Jonathan,

Je m'en veux, je t'ai abandonné si longtemps. J'ai peu moyen de transition et j'ai toujours, avec les croisements ce petit décalage. En un sens, ça percute. Mais le matériel, la surface en prend un coup et l'intérieur se remet à s'agiter.

Je ne fais que penser à tous les enchainements désenchantés. A la base, je voulais juste être près de toi et essayer de t'aimer. Je voulais que ce soit simple et vrai. Là, je me sens prise dans des mouvantes, pire que du sable.

Je me déshabille de mes illusions et nait, chaque jour, une nouvelle version de moi-même. Un regard nouveau sur le monde, peut-être plus précis. La douleur nous préserve des illusions, mais sur un seul côté. L'amour, c'est se rapprocher des profondeurs et se prendre des flux d'ambivalence dans le cœur. Le sucré, l'amer, le doux et fruité ou l'acide. Quand on aime les illusions, peut-on aimer les gens ?

J'hésite entre laisser et prendre. Mais le plaisir inconnu se retranche et affute mes perceptions. Quand je ferme un des robinets, le flux se densifie complètement ailleurs, alors l'équilibre m'appelle et je rallume, l'ambivalence revient. J'ai peur de t'en demander beaucoup trop. J'ai peur qu'on n'arrive jamais à se toucher, je doute, je ralentis. Plus j'essaye de faire taire mon cœur, plus mon intérieur fermente. A la fin, c'est comme du poison.

Quand tu es là, mon énergie se décuple, car j'essaye de traduire en moi ce que tu donnes. Tu dois connaitre ces mouvements car ils sont une synergie. Sans toi, je n'en serais pas là, je suis beaucoup trop loin. La raison face au cœur, ne gagne jamais la guerre. J'ai conscience de l'immensité du travail pour entrer en lien avec d'autres planètes, tellement pareilles et différentes, à cause de l'univers…

Je voudrais pénétrer mais respecter, fusionner sans me perdre, donner sans tout reprendre, être sûre de faire bonne usage de mes ambitions, mais sure n'est pas possible.

Chaque fois que l'un fait un pas vers l'autre, c'est comme si l'illusion ne voulait pas tomber. Nos échanges sont des danses où les corps sont trop souvent absents. Chacune de nos lettres est une rencontre, une attraction puissante et presque un arrachement de nos propres costumes. Une désillusion subtile et jouissive mais frustrante ; Un dévoilement violent mais les caresses manquent et la rencontre réelle s'éloigne. Dans la réalité, sans ce prolongement et cette défense qu'est l'écrit, serions nous arriver à pousser la machine si loin ?

Le lien, établit sur le moment est flou mais après coup, perdure les traces de nos mots, nos partages, nos images. Tout ça nous oriente. Comment serait venue la rencontre sans les lettres ? Aurions-nous accepté les décalages, où la rencontre réelle se prend les pieds ? Aurions-nous respecté la délicatesse de l'espace pétri d'imparfaite perfection ?

Nous sommes tous deux déjà revenus de l'amour, nous savons l'issue des histoires profondes. Les histoires d'amour ont pour elles l'infini et les limites… Nous sacralisons trop le lien en reculant systématiquement devant la rencontre réelle. Nous provoquons plus volontiers les manques et les manquements, pour maintenir les illusions, moins envahissantes que le réel brut ; Je voudrais accueillir ton air et ton corps, l'inattendu et la perte, le présent (le présent cadeau et le présent temps). Je sais faire tourner ces moulins-là ; c'est un don, un abandon, une abondance, une danse avec la vie. Je crois aux croisements sincères du cœur.

Le corps tôt ou tard s'abîme et disparaît, le cœur, lui, vit toujours ailleurs. Mon corps est si souvent vide, inhabité… Protège la brillance au fond de toi et la brutalité de tes ambitions. Je te demande pardon si je te cause du tort, je ne peux pas faire autrement pour le moment. Il faut que j'apprenne à vêtir ou dévêtir les rêves éveillés. Merci pour ces échanges, fous et puissants. Jonathan, respectons le silence, les doutes et les peurs, les fuites. Les rencontres sont fracassantes…Les corps s'y abîment trop…

Mélina

Mélina,

Tu m'imposes presque le silence. Tu sembles furieuse, brutale, résolue. Allons vers plus d'espace puisque tu le désires. Tant de violence faite sous notre toiture de feuille ! Pourtant nos enfants sont là, partout, encore à l'état de graine…

Ma déception est grande. Je suis pourtant calme mais je connais le vieil adage. « Rien n'est moins tranquille que l'eau qui dort ». Une vision ponctuelle ne traduit pas souvent l'ampleur sous tendue d'une situation… Je vais continuer à écrire et je déciderais plus tard si j'envoie vers toi cette lettre.

Mes Écrits, mes livres, avancent… j'ai conçu la machine à visiter les atmosphères, j'ai commencé une série de poèmes ferroviaire ... Les vers tombent en cascades ; Ce matin, les tensions se sont déversées à l'intérieur de moi mais aussi avec mes parents. Ce que je vis de nous résonne ailleurs…

Parfois je dirige vers mes parents, une forme de violence verbale, je voudrais atteindre leurs défauts. Des termes hâtifs et crus tombent. Leurs principes sont louables mais si dérisoires face à la faute d'éduquer un enfant dans un stress quotidien. La tension perpétuelle est une violence. Ma sœur, a encore l'âge de l'innocence, elle est jeté entière dans une profonde découverte. Elle est vulnérable, influençable, car passer de rien à l'infini est une chose bouleversante. Elle côtoie la féerie et les lourdes souffrances des désillusions... c'est atroce et le mot n'est pas faible pour parler de cet état de l'enfance. Beaucoup d'adultes ont oubliés les formes monstrueuses et les résultats dénigrants de ces moments douloureux. Car nous, les pédants, imbéciles et grands, nous passons sans la voir près de la prodigieuse puissance de l'enfance, nous ne voyons plus la profondeur de ce passé, les désillusions qui concernent la fatalité de la mort, nous sommes préoccupés à chercher un remède. Aussi déverser cette tension énorme sur les enfants est une faute lourde. Il y a des crimes mentaux que l'on fait semblant d'ignorer. Les injustices profondes sont dues à la fainéantise. Les adultes écrasent trop souvent la pureté originelle. Cette hypocrisie est pour moi intolérable ; je refuse d'oublier ces crimes, et de les refouler. Je succombe moi aussi, trop souvent à la facilité…

Chaque être s'insère tel un domino dans une série, une suite en équilibre. (Je trouve l'image parlante) ; le fardeau des générations s'affale sinistrement avec leurs peines et désillusions sur les enfants. Ce poids broie sans pitié les espérances… le quadrillage imposé à l'enfant est hypocrite, aveuglant. L'enfant passe de clairvoyant à singe savant ignorant. Fort de sa nouvelle condition, il tort à son tour son être dans cette brûlante contradiction. Souvent la révolte fermente secrètement. M'étant donc disputé avec mes parents, je suis allé purger ma peine au PMU. Soudain j'ai aperçu des gens défiler, badigeonnés de couleurs et de vêtements loufoques. Je suis reparti chercher ma petite sœur. Nous avons eu, sur le chemin, pour quelques euros, des paquets de confettis et un rouleau de ruban serpentins…

En buvant du coca, elle fit un superbe rot ; elle n'arrêtait plus de rigoler et de s'excuser. J'ai riposté pour la rassurer, elle a ri et ne s'excusait plus. Elle balançait les confettis dans les longs cheveux des dames. Elle déposait, en fraude silencieuse, des poignées de colorés, avec un soin si passionné et spontané qu'il en devenait angélique. Elle ressemblait au marchand de sommeil mais elle était la fée confettis, envoyant ses rires amusés sur les passants. Moi-même, j'y passait avec plaisir, allant jusqu'à mettre, discrètement, une bonne dose entre mes cheveux et mon béret. Sur le chemin du retour, elle me voit, sous une pluie multicolore de paillettes frétillantes, enlever mon chapeau, l'air de rien, pour saluer un passant. L'effet marche ! Ses pieds emmêlés de serpentins, trainent sans voir les chaînes fragiles et chamarrées du plaisir.

Cette journée était enchantée. Je garderais probablement ce trésor une partie de ma vie. Sur le retour, laissé sur le sol par une autre jeune fée, je trouvais un ruban rose au tissu doux et onctueux. Voilà une rencontre insolite avec un objet ! Je ramassais précieusement ce souvenir du carnaval avec ma sœur.

Mélina, prend le temps que tu as à prendre, les brins que tu me donnes sont déjà des bouquets. Je voudrais que tu ne t'ennuies pas de moi, pas assez pour te détourner autant, c'est toi que je cherche et j'espère continuer. Je te veux heureuse et je suis prêt à t'aider pour ça. Mais je sais que tu devras franchir seule certaines étapes. Je ne serais jamais loin de ton repos. Que tes songes soient de la beauté des anges, toi qui flirtes avec eux.

Jonathan

Jonathan,

Je t'entends tu sais ? Dans mes songes, on joue. Joie d'enfants, jeux vraiment. Quoi d'autre encore ? Rien, rien de plus vrai que les « je » déjoués. Plus que ça, démêler, se mêler…

Écrire, c'est démodé, je ne sais plus comment faire. Je regarde mes pieds, ils ne sont pas sur terre. Pourtant la matière me rappelle toujours ma condition…

Sentiments, parfois semences, parfois insensées. Parfois on pense ; insolence, ma bulle va percer…

Ce matin j'ai écrit, la guerre.

Sortir fusil à l'épaule, la traque commence. Il faut pouvoir se nourrir et ramener aux siens. Choisir un gibier conséquent, cibler, en plein cœur. Louper le coup. Recommencer. Tuer. Soi ou l'autre, par nécessité ? Dépecer, assaisonner, cuire, servir, consommer. Faire tourner.

Les humains sont ainsi, éternellement. Alors ils peuvent revenir à l'illusion, éternelle aussi.

Les restes sont froids, réchauffer, ce n'est pas bon.

Si tu n'as jamais eu faim, la chasse, tu ne comprends pas ; ce qui se passe dans le cœur n'est pas une illusion, ne se décrit pas, ne s'écrit pas bien. Vit en chacun, au fond dedans. L'amour fait ça, avoir l'autre en soi, par fragments. Les éclats pénétrants invitent à faire la musique. Le temps chronologique n'existe pas, la musique nous l'apprend. L'homme a abandonné d'avance, par nature.

Je bois un café, peu importe la main ou le verre, l'intérêt c'est la trace à la surface, entre les deux, pile au point de contact.

Tu es proche, l'ambiance s'électrise. Croisement rapide. Parfois je te sens, tout d'un coup, je pourrais transpirer, ça vient comme ça. Dans ces moment-là, je n'ai rien à dire, le son est coupé, mes sens s'éveillent et la musique raconte. J'ai envie d'écouter ta musique, me taire, croiser ton regard, lire, sans mouvement. Juste te voir parler, observer tes mains prendre un objet du monde, ne rien dire, te dévorer avec mes yeux et laisser en moi se faire l'Ascension délicieuse. Sentir tout ce que tu dégages, bouger et me frotter à tes contractions, tes contradictions....

Mélina

Mélina,

L'air semble saoul, à la fois clair, à la fois mou. Peut-être, est-ce la mer, dans son reflet-sourire, étrange cette nuit au fond de son remous. Pour la tristesse floue, par un très lent mourir, qu'elle miroite sous la pleine nébuleuse. La brume s'est levée, des humains jusqu'au ciel, (et) Auréole l'astre en son voile. Cérémonieuse reposant dans son linceul : blonde démentielle où solitude endort mon âme.

Je la vois, échouée sur la nature éclose, grise au versant de la rive, la ville et son hale : « Dort, lumière puisque tes paupières se closent ; Dort brillance ensommeillée, blottie sous ton châle d'hiver ». Et les clochers, hurlant au loin les eaux ; lent adieu du monde s'écrasant à l'horizon, vague et s'essouffle, traverse les frileux vaisseaux sans leur donner plus de vie, ni de doux frissons. Car solitude endort mon âme…

Jonathan

Jonathan,

Amour / haine. On peut aimer haïr ou haïr aimer. Noyer le poisson et toujours tout retourner. Aucune leçon à imprimer, la vie, c'est des comptes pas mieux que les contes. Rouages, rouer de coups le partage. La plaie n'offre plus le choix. Un vrai combat, corps à corps, ouvertes les tripes sont à l'air. Pas le choix, il faut suturer, l'hémorragie dans le corps, sinon n'arrête plus de couler… la plaie refermée suppure. Je murmure, emmure, j'énumère… Dénuder, Nettoyer, Suturer, Panser, Laisser cicatriser… Il n'y a pas d'ombres, ce ne sont que des jeux de lumière.

Scénario 1 : Je suis en PLS, tu m'as enflammée et je meurs, laisse-moi renaître.

Scénario 2 : Je t'ai envoyé les clefs, je continue la quête, je vais péter les portes suivantes, je crochète, je prends et je reviens. J'ai mon oreillette et c'est toi qui envoies le son…

Scénario 3 : Je suis sur un radeau, soleil, maillot, je danse. Tu es sur le voilier, pas loin, parfois fais-moi signe, je monterais.

Scénario 4 : je suis dans le sous-marin, nous combattons, tu es à la surface et je suis dessous. Pendant le combat, je ne pourrais pas monter et tu ne pourras pas descendre.

Dans le corps, les formes sont précises et l'incarnation en place pour encaisser les flux de l'esprit et de l'âme. Les corps doivent nous relier. Je comptais sur toi, je ne sais pas ce que tu fais. Nos contacts, ne sont pas des ratures mais bien les reflets de nos positionnements ; Les corps virevoltent entres les lignes, inter lignes, inter minables… les itérations ne sont pas seulement des répétitions. Lignes toujours, lignes de nos mains, ligne d'un jour qui fait grandir demain ; ligne à court, provoque   le   destin…

Mélina

Mélina,

Il est 00h57, je serais heureux lorsque, gonflée de ton escapade tu reviendras vers moi. Les perles que nous sommes sauront s'aimer sans détour et faire germer de leurs fils, l'extase, sans cesse renouvelée. L'amour éternel de l'autre, je pense est au mieux un jeu.

La plus belle histoire d'amour que tu vivras, mon cœur est celle-là. Alors aime toi ange et je serais là, dépositaire et enjôleur de tes joyaux. Je sanctifierais l'humilité de ton orgueil et son reflet dans l'onde. Soit ma grande prêtresse et je serais le gardien de tes sceaux.

Jonathan

Mélina ;

Bien que tu ne répondes pas, il faut que je te le dise ; depuis quelques temps, je tente de simplifier ; je fais des liens mentaux étranges. Après être sorti d'un cours sur la connaissance, je pensais aux forces cinétiques et potentielles. Là j'ai regardé ma main, attentivement. Je prenais peu à peu conscience que j'étais bien là, à regarder. Quand toute mon attention fut concentrée en cette conscience sensitive, je lâchais mon esprit : « comment puis-je connaitre mes mains ? » et il s'élançait, sur ma peau boursouflée de tuyaux et de veines, de pierres osseuses et de souvenirs passés. Ma concentration se ramifiait dans toutes dimensions de lieu et de temps. Tandis que des couches de plus en plus profondes de mon intellect étaient actives, ma conscience s'agrippait au courent majeur de l'esprit. Elle arrive à remonter les conséquences. Je passais, de mes mains à Dieu. Si j'avais été croyant je n'aurais pas nié avoir senti son souffle m'ouvrir la porte de la connaissance ;

Jonathan.

Mélina,

Nous concernant, ma tête tourne, comme un chien en laisse autour de son poteau. L'illusion ne peut reprendre connaissance du coup porté jadis, sur mon enseigne d'enfant.

Je pleure, oui je pleure le divin amour porté aux nues, aux couleurs, aux idées et aux sentiments. Je ne savais pas ce qu'étaient les anges mais j'y croyais. Je ne savais pas ce qu'était la couleur exacte de mes fleurs contemplées, mais j'épousais mon regard à travers le prisme, décomposant les lumières et je croyais en Elle ; mes rêves étaient toutes sortes de mondes et de cauchemars, sans prison et sans lime.

Rien ne bougeait tout seul, le môme était effrayé dans le noir redouté, laissé aux monstres de l'esprit, le cœur, le petit battant-battu repoussait la colère. Là je me vautre. Colère sur l'autre, l'enfant.

Folie, furieuse, laborieuse et butée. Folie, enveloppe de l'esprit masqué dans les idées et les choses de soi ; un corps est piégé dans la cervelle d'en face. Elle s'exprime mais ne s'affirme pas ; l'homme est ainsi…

Croit-il vraiment que la vie est comme ça ? A-t 'il abandonné la quête de son enfant, celle de comprendre ce que l'on connaît, sans jeter de limites aux libertés du raisonnement, sans refouler quand surviennent, ces appelées tristes et douloureuse de l'écho de la faille du cœur ? Croit-il vraiment, lui le grand, qu'il a tout compris et tout pensé ? Sait-il que les pensées d'un génie pourrissent par leurs illusions dans l'esprit de l'enfant ? Car le grand, marchant avec son enfant est un génie… l'enfant ne pense pas qu'il est triste ou content, il est dans l'atmosphère unique de l'instant, dans les lois de l'existence des êtres et des formes ; il s'abandonne au ressenti présent et au relais des secondes perdues.

Jonathan.

Mélina,

Tes yeux, sont d'un Crystal rare, ils ont cette passion profonde, ce mysticisme, amenant à l'excellence de la spiritualité. Tu aimes la danse et les notes ; tu me séduis, mais le désir, ne veut, trop souvent, pas assez aboutir. Tu exaltes la passion de mon cœur. Tu génère l'onde de certains de mes textes. Je t'envoie le dernier nu : Aspirance. J'en ai fait une musique, voici les mots…

« Chez moi c'est ta musique ;

Désordre et effets ; délicatesse et volupté.

Je t'y vois comme une note, perlée de rêves et de folles visions.

Je m'y vois comme tes ailes ; l'écharpe qui étincelle tes joyaux, le manteau de ta voix.

Petite clandestine, quand je t'imagine, qui m'assassine, qui me fascine, j'ai l'âme orpheline…

Moi le mage, toi l'image ; toi la page ; moi ton message…

Si étrange que tout ce mélange ;

Toi mon ange, moi ton manteau louanges ;

Peut n'être n'est tu qu'un de ces vains mirages, sur le rivage de solitude aux sombres visages …

Je te veux sanctuaire, le cœur réverbère ; et si je n'ai pas de photo de toi, j'ai au moins ta voix, voix, voix … »

A toi,

Jonathan.

Jonathan,

La vérité se prend tellement au sérieux. Moi aussi je pleure. Entre tes mots, je pleure tes notes, dans les intervalles réguliers de la musique de ton texte. Dans l'architecture de tes pensées et ses articulations ; l'arrière plan me convoque et une autre mélodie se glisse, dépassant bien les mots et me portant, au-delà du dépassement. Nos musiques s'accordent ; la beauté éclate, sourde, intime, suggérée. Elle n'est pas encore née et déjà, nous voilà relié à son chevet, pleurant la caresse des larmes chaudes, à l'arrière d'un jardin, dans la pénombre. Cette beauté à peine éclairée, verse doucement sur nous, sa rosée et son manque. L'empreinte de ta plume suffisement déliée me salut chaleureusement, marquant une promesse de se revoir ;

Une sorte d'encombrement persiste dans les suites de mes silences. Mes attaches et mes vides sont toujours entiers. Je garde trop souvent, pour moi seule, mon paisible silence. Je regarde le flotteur de ma canne à pêche dériver lentement à la surface de mon eau et j'oublie. Cette eau est aussi la tienne ; nos larmes se rejoignent quand les mots envahissent l'espace et tentent des raccourcis ; l'attachement est une magnifique faiblesse qui perce le temps. Les mots, il faut les voir comme l'au dela d'un instant ou d'un lien ; la propulsion d'un destin jamais fidèle ;

Nous devrions assumer notre distance et nos tentatives. Nos mots s'échouent, se répercutent et trahissent un fossé bien réel. Les malentendus sont inévitables. J'ai voulu d'abord ignorer le silence, mais ton spectre le hante, des mots continuent à se reposer au creux des souvenirs ;

Je ne sais pas si c'est un vrai silence, peut etre, est-ce une sorte de rupture ou de détachement. Il faudrait avoir le courage de laisser partir notre lien, dans le courent de la vie. Je préfère chercher des chemins au lieu de mourir lentement au croisement des merveilleuses banalités.

Ton absence, nos appels, et cette envie de t'écrire se réanime toujours. Cette tentative délicate perdure et se love, sans bruit. L'espoir froissé se déplie. L'espoir c'est toujours très grand et beau. Il contient tant de merveilles que l'impatience, la folie du savoir nous oblige souvent à disséquer.

Nous somme entrain de marcher sur des sommets de vie, de s'arrêter sur les angles, ou mieux de parcourir une courbure. Se rapprocher de la souffrance, c'est comprendre qu'elle habite bien d'autres lieux. Et pourtant la perte se réveille. Nous traversons encore, nous marchons car le temps est compté, toujours ; le temps matériel, le temps restant, le temps pour soi… L'amour lui, est infiltré partout, mais ta finesse me manque et me marque. Quel paradoxe !

Tous ces moments du quotidien partagés, parlés, m'ont beaucoup aidé. Je me suis à travers toi, d'avantage raccroché à la langue qui nous porte. Mon vocabulaire est toujours imprécis et limité mais les mots me questionnent autrement ; Des espaces ne se ferment plus. Au loin je t'aperçois, tu marches dans les couloirs de mes interrogations et tu t'arrêtes entre les portes de mes pensées. Parfois je t'appelle mais tu ne me réponds pas, tu ne peux pas répondre, tu ne peux rien. Rien d'autre, je le sais. Chaque espace à ses propres limites…

Tu restes un etre qui sait parler des profondeurs, une sorte de géographe. Tu entends, les mots dits et ceux, restant terriblement tus.

Je t'embrasse de toute ma personne, Jonathan.

Mélina.

Mélina,

Mais que perles tu sur ce cœur rapiécé ?

Voila tu l'as fait et mes espoirs fantômes, ces guerriers se relèvent malgré moi. Tu as traversé, tu me reviens alors que je ne t'attendais plus. Il faut que je me retourne, sur certains passages…

Je désirais te prévenir de mes sentiments, je ne voulais pas te laisser pâtir avec des doutes et j'ai essuyé ton refus mêlé de répulsions. Véxé, le coté idéal que je voyais en toi s'effrita peu à peu. Une grosse désillusion pénétrait jusqu'à mon âme profonde. Je pensais à toi, souvent, sous forme de déception ou d'attente. Ne sachant quoi faire de cette graine devenue fleure. Les atmosphères rondes aux alentours de la prodigieuse beauté de ce lien m'embarrassaient tériblement. Je ne trouvais aucune place pour le refus consumé. La raison me demandait sans arrêt, d'écraser mes sentiments, pourtant le jeu des ambiguïtés renaissait toujours. De mon rêve, je ne connaissais pas grand-chose mais je désirais m'emplir de nous et je ne cherchais plus à analyser. Je te voyais, blottie contre mon torse, j'étais heureux ; mon cœur, ouvert depuis toujours avalait une onde suave concentrée. Impatient, je te carressais à l'intérieur de moi. Puis, progressivement j'ai entendu le processus macabre s'enclencher. Mon amour, déjà mort quelquefois brulait à nouveau. Nous deux êtres rassemblés devenaient cendre. Le phoenix, à son vol le plus haut, avec fracas, s'éffrite sur mon cœur. Ma raison demande de lui expliquer. Alors, comble ! Tous mes sentiments m'emplir à l'extrême et je me suis mis à décortiquer, morceler les concepts. Ils se reliaient à mes connaissances, à mes souvenirs… et j'ai trouvé des raisons louables pour te laisser aussi longtemps. Le temps à coulé…

Et puis… Tu es revenue. Nous nous sommes embrassés comme avant, j'ai senti ta peau. Mon désir me lacérait à l'intérieur et l'amour soudain ne pouvait bien durer qu'un jour… Nos éclaboussures timides sont devenues franches, nos deux corps enfin convergaient, nos lèvres se cherchaient et s'effleuraient dans le jeu de la sensualité revenue ; je ne peux décrire la suite, ce serait une histoire entière et les mots briseraient certaines sensations bien trop délicates. Les moules littéraires sont toujours trop vagues. Je peux te dire comme la puissance des sensations me submergeait, d'une façon délicieuse, et mon abandon fut consommer avec joie. …

Cependant, quand je t'ai vu partir, après notre dernier baiser, je pris conscience du coup du sort terrible invoqué. Tu disparu, et je du m'assoir sur un banc. Le malaise arrivait. J'aurais tant voulu que tu réaparaisses, pour rassurer mon sentiment. Je pleurais comme un gamin abandonné. La flèche reçue pour mon coeur était immense et ta présence trop fugace. Ce pieu pansement me faisait plus mal que jamais. Je me soûlais sur le retour de ton parfum car mes mains étaient encore abreuvées de la douceur de tes cheuveux…

Cette lettre est une torture nécessaire. J'espère qu'il n'y aura pas de nouvelle distanciation brutale tout de suite. Le climat ici est arride et participe à mon étouffement. Mes désirs pour toi se sont encore aiguisés. Tes avances, ton langage m'ont profondément émus. Lorsque je te récitais à l'oreille des mots, je sentais tes frissons comme si ils me traversaient aussi.

Je voudrais faire de nous, au milieu de la forêt équatoriale, une sorte de temple. Un lieu chargé de moments précieux.

Jonathan

Jonathan,

Il faut espèrer et nous partagerons encore longtemps le fruit de la distance. C'est fou, nous traversons tant de mondes. Nos corps s'expliqueront bientôt et notre fil sera à nouveau visible. Cette envie de trop dire, il faut la convertir dans le corps. Je subis régulièrement des coupures. Je ne peux pas l'expliquer, j'ai toujours vécu ca. Il y a bien entre deux vitesse une sorte d'inertie de la matière. Parfois on ne croit plus rien, tellement le tourbillon de la vie nous décroche ;

J'ai toujours envie de t'entendre avec mes yeux. Je déroule les papiers, ta voix se détache et je suis couverte de toi.

Cette peur de ne pas servir la vie comme il faudrait, me recroqueville ; tampis, à partir de maintenant je prends le risque de tomber…

Je sais faire, si il le faut, l'équilibriste.

Mélina.

Mélina,

Tu peux tomber, nos ailes ne sont plus de simples bourgeons duveteux. Je veux moi aussi m'abandonner à ce lien magique ! J'ai de nouveaux rêves et ils semblent demander notre amour pour se magnifier. Je t'assure, tu n'es pas seulement entre deux, je le sens, chez toi, ca bouge, ca mouvemente, tu es déjà de l'autre coté. Cette femme que tu es et deviens, je la veux ; J'ai de moins en moins envie de dire « peut etre que ça marchera si ça doit marcher ». Le destin et le « hasard » si ils existent, nous ont fait nous rencontrer, c'est beau. Maintenant, je ne veux plus compter sur eux. Je désire que l'on s'aime, que l'on fasse l'amour, que l'on partage enssemble. Je sens ce désir en toi, j'ai vu ton regard tantôt braisé, tantôt floué d'amour. Je ne veux plus perdre ça. Je ne veux pas m'oublier, j'arrive si souvent, avec toi, à me sentir vrai.

Te sentir dans ma tête, mon cœur, mes yeux… j'arrête pas de m'en délecter. Ta personnalité, ses travers et ses qualités, je l'aime tu comprends ?

Continue Mélina, de me faire tripper.

J'ai pris une décision : L'année prochaine tu seras à Lyon pour ton école ? Et bien, je m'y trouverais aussi, je continuerais mon Deug de lettres là bas. J'aime Paris mais je ne peux plus rester si loin de toi ;

Je suis dans le train, je viens de finir mon inscritption et mon transfert à la faculté et je rentre, doucement perdu, dans le flot vibrant du train, je voyage entre la note et le mot, à un plaisir apaisant, un peu étrange, car je porte au fond de moi un autre passager…

Même dans nos moments d'accroches, je n'ai jamais regretté notre alliance ; je veux vivre plus proche de toi encore, voir l'ombre de ton être sous notre lumière, acquérir la paix et la noblesse de la nuit, où le jour s'étouffe peu à peu et sombre. Je voudrais participer à l'éclosion des fleurs ; de nos fleurs.

Fleurs, sans pareil, aussi guérrières que magiciennes, combattant pour une liberté. J'espère secrétement faire parti de ce combat pour la liberté.

C'est bien toi que j'aime, ton enfant impulsif et la femme délicieuse, artiste et malicieuse. Je veux construire avec toi cet équilibre entre passion, richesse et paix, j'aspire à ce que notre amour le reflète.

Ton passé, si différent du mien fais parti de moi comme aucun autre… j'aime ces toi anciens car ils m'ont toujours guidés. Tu me touches pour tes combats et tes rêves, ta folie et ta sensualité. Tellement de choses… Je suis foutu… Délicieusement contraint…

Jonathan

Jonathan,

Aujourd'hui, le printemps s'écoule vers l'été. Ma joie est immense et mon excitation ne s'était pas vraiment freinée depuis notre appel. Je voudrais te raconter, mes lectures infinies de ton dernier texte…J'aime le courant de ta plume dans cette lettre. J'y vois tant de choses…Nos naufrages, ratés en permanence, me reviennent et je suis fière de nous.

Je pense à nous comme à Duras, prise entre le voyage immobile de son écriture et son alcoolisme baladant le désir infiltré, jusqu'à la mort ou au silence ; Je lis Lol.V.Stein. Je découvre cette écriture et je reste sans voix ; J'apprends : Les silences, la respiration et le dégré d'authencité de ses formes vides ou des ombres esquissées à propos des liens qu'entretiennent ses personnages ; L'architechture de son texte repose tout entier, avec ses trous, dans un seul livre… Toute cette profondeur et ce relief, cette chaleur étouffée et latente…

Ici, il fait chaud ; il y a des kilomètres de côtes glissantes dans mon esprit et je les longes difficilement.

Je quitterais bientôt ma maison, ses poussières, ses livres et tous ses objets.

Il y a aussi cette attente… Je ne sais pas comment parler de ça. Une attente immense, nous concerne … Je me dois d'éttoufer un peu cette joie provenant de la voix de ta lettre, de ton annonce. C'est comme, la préparation d'un gateau encore liquide attendant la cuisson mais pour le moment, la métamorphose coule encore dans des moules d'indifférences. Je ne peux déguster sereinement, l'immédiateté de tes mots. Je t'ai fais part de mon émotion hier au téléphonne. Aujourd'hui je voudrais t'écrire un peu moins en surface.

Je suis entrain de préparer une sorte d'étape tant attendue de ma vie, trop dense. Je pense vaguement à ce que j'emmènerais à Lyon ; Mon matériel de peinture, mon sac de souvenirs, mes cahiers de mots transportant les errances, les morceaux d'enfance, les bisous volés, les jeux vides et pleins de rires et de pleurs ;

Aujourd'hui Jonathan, il y a un sens dans l'épaisseur du ciel, cet univers au dessus de nous, insondable où gît encore l'espoir et la perte. Très proche du plafond, une drôle d'araignée verte ne cesse de traverser la pièce. Mon regard la suit de part en part et s'il la quitte, il la retrouve ; il y a le passage, tout proche…

Je progresse dans mes recherches, sans jamais bien saisir le sujet. J'écris l'insignifiant et l'incertain. Beaucoup de mots sont encore absents. Je ferais avec ceux qui ont bien voulu se poser sur la feuille. Il y une dose, non négligeable, de frustration, une sorte de pincement ; cette vie défile et nous défit ; L'attachement, c'est toujours là où je bute.

Je dépouille mes propres fictions pour épurer au mieux le canevas. J'aimerais qu'il soit bien fidèle à sa propre ossature. Mais l'épuration me fait peur, je la trouve toujours un peu trop totalitaire et risquée.

Parfois, les mots sont des supports fragiles, où rien ne peut s'accrocher, alors qu'il faudrait toujours accrocher un petit rien, quelque part au moins.

La littérature, qu'est ce que c'est, à part du reste ?

Il m'arrive de ne pas avoir de mots, alors surgissent la peinture, le dessin, les collages, toutes ces formes et ces couleurs projetés sur la toile. Chez moi, le « je ne sais pas » se loge partout. Il est aussi lourd qu'une certitude.

Notre espace n'est pas clos, il est irrigué par des mots piochés dans le temps de nos vies. Je me réjouie de la prochaine proximité de nos corps.

Que tu viennes à Lyon, c'est presque un miracle. Pourtant, je ne sais pas bien dire certaines choses. A cet instant le vide s'annonce. Il y a des trous et du vague sous nos certitudes plaquées et nos nids de menssonges, même ceux qu'on tente d'éviter. Sans eux, le réel est au-delà de la nudité, transparent et flexible.

J'ai peur car je sais combien nos habitudes concernent les espaces sans autres corps que celui du texte. Un subterfuge et un refuge pour une folle énérgie s'apprêtant à éclater et dispercer des milliards de petites particules éphémères. Les idées et les mots nous maintienent enssemble dans un passage du physique au logique. Quelquechose de notre union est sufisemment palpable dans sa texture, même si, tant de fois, nous avons regretté et désiré l'illusion de la chair…

Nous avons invoqué l'univers, sa magie ; nous avons supplié parfois ce rapprochement. Peut être, n'était-ce pas le désir qui nous poussait, mais juste nos langues qui s'épuisaient ? Ou peut être, cherchions-nous une scansion, un rythme, tel celui du cœur battant la mesure de l'amour ? Nos textes, sont comme le corps des enfants, ils ne s'arrêtent jamais, ils supportent la découverte et les promenades sans but. Il est difficile pour les adultes d'entretenir le temps et le jeu. Qu'il est dur, de comprendre, à quel point les subtilités du jeu doivent s'éterniser. Elles tiennent tant de choses invisibles. Les mots ne doivent jamais tout recouvrir de l'éternité, du game et de sa finitude…

Je t'embrasse Jonathan,

Mélina

Mélina,

J'ai eut de ta lettre une première impression floue et presque négative, comme pour la photographie. Je l'ai relu plusieurs fois et je me sens maintenant capable d'écrire.

Réussir mon année à changé, comme un vent fou, l'ordre de mes priorités. Enfin, mon instinct de création se réveille … Je rêve à de nouveau projets avec beaucoup plus de liberté… Je n'ai jamais été autant déterminé pour pousser ma plume vers de nouveaux horizons. Nous avons vécus tant de choses et tellement rien en même temps Mélina… il est difficile voire périlleux de faire un résumé complet et objectif sur nos périodes les plus floues. Je ne vais donc pas le faire, vaincu par la fatigue et ne désirant pas remuer les affres de ma solitude. Je désire laisser mes pensées s'écrire naturellement au rythme de mes impulsions. Je vais tenter d'ouvrir mes mots sur cette page. J'écoute shérazade de Ravel ; un sentiment de nostalgie m'empoigne, mon cœur s'emplit d'admiration et le temps s'emballe toujours.

Mélina, mon combat contre la volonté m'a épuisé. J'ai dépensé une affreuse et colossale énergie pour gagner à peine quelques batailles contre mes peurs qui figeaient mon âme, contre ma fénéantise, la ramolissant et enfin contre mes désirs inassouvis, qui l'ont découragés. J'ai payé un lourd tribu en lien avec l'absence, la Grande Absence. J'ai du affronter en masse des Vérités construites par tous tandis que mon instinct, plus vil et sauvage, me criait le contraire. J'ai du m'imposer la rigueur et certains comportements contraignants pour clarifier mes sentiments… Tout cela ressemble au travail d'un jardinier aveugle, débroussaillant une foret touffue et étendue ; Ma culture prend quelques formes aguichantes et ma clairvoyance est aujourd'hui plus forte. D'un autre coté, dans cette bataille, j'ai perdu ma confiance envers moi-même, le monde et les femmes en général…

Mon écriture, tournée aussi vers toi Mélina, est la forme la plus fidèle et la plus poétique de mon être. Les mots sont délicats, Mélina. Souvent je demande à mes traductions de fouler doucement le réel des rêves, d'y marcher comme une danseuse, tournant sur les pointes, car les rêves comme la ligne des mots sont de minces filets. J'abandonne maintenant mes cartes et mes routes, je voudrais trouver naturellement le lieu où me recueillir près de toi.

Moi l'aveugle, j'ai regardé ma carte et j'ai vu l'atlas de lieux merveilleux… et cette alchimie étrange, je le savais, il fallait la réaliser avec une Lumière extérieur à moi-même.

Mélina, au lieu de continuer à défricher les ronces et les racines, je voudrais m'arrêter et faire une cabane ; cette clairière où nous sommes me semble parfaite !

On accède à cette cour intime par un sentier. Le bruissements des feuilles susurrantes sous nos pas, se métamorphose peu à peu en délicats craquements ; on dirait qu'elles sont en Crystal colorés. Si l'on se penche vers le sol avec attention, on s'appercoit que les feuilles sont d'émeraudes, d'or et de rubis ; on n'ose à peine fouler ces merveilles, que l'on brise déjà sous nos enjambés, pourtant délicates. Tout au bout de la route, une arche éclairée s'encastrant dans une haie de verdure est recouverte d'une mousse d'argent scintillante comme de la poussière d'étoile. Déjà émerveillés, nous passons sous le pont naturel et nous pénétrons le jardin… Là, magnifique, trône une clairière de lumière… ses frontières sont faites d'un épais brouillard de végétation.

Suaves senteurs… Dans l'air chrystallin, plane des romances mélodieuses. Les notes glissent sur des fines portées, comme des cheuveux d'or. Des rayons de lumière liquide coulent en cascades sur le décor de mes songes. Lorsqu'ils sont traversés, une douche sensuelle nous enlace et plonge l'âme dans une douce torpeur d'extase. Bordant cette haie florale, un étang à l'eau transparente miroite un ciel. Caché dans la source, tout un monde s'enfante : des poissons brillants et colorés, aux vaporeuses nageoires, des plantes aquatiques ondulant et formant des arabesques caressent le sable du fond…

Au milieu de cette divine clairière, un majestueux saule pleureur s'étale, son ami brise fait frissonner ses longues cordes de feuilles et chante une ode poétique. Des lucioles et des étoiles éclairent la nuit de ce lieu.

Quelques rires ou quelques larmes vagabondent ou rebondissent. Il y a, tapies, des ombres chinoises. Ce sont celles de ton visage et d'une courbure fuyante de ton corps. Une foule d'autres images affluent, posant sur mes blessures de solitude des étreintes.

Bien à toi,

Jonathan

Jonathan,

J'aimerais te rejoindre maintenant et sentir ma cuirasse s'envoler sous l'onde de tes mains expertes pour mon corps. Tes mots me transportent vers toi et l'écriture ne nous fait pas disparaitre entièrement. Tu sais nous offrir des espaces supplémentaires merveilleux.

Je fais face à une succession de renoncements Jonathan. J'ai du mal à expliquer. Toutes les dimenssions se mélangent par moment en un seul point gris. Et puis soudain, les lignes s'écartent et je vois apparaitre entre elles la lumière ou le noir d'où elles viennent et où elles sont à nouveau absorbées. J'ai des sortes de petits vertiges existentiels.

Il y a un puit de miroirs où nous voyons telement de reflets. Les creux des bords se reconstruisent dans les mots que tu m'envoies mais l'intimité de l'amour continue à se faire dans la pudeur. On ne peut pas tout se dire avec des mots, bien au contraire. Ce que l'on nomme ce sont ces reliefs, vivement éclairés un instant, nous laissant entrevoir de nouvelles ombres. Mais l'ombre noire de la bouche est toujours à l'intérieur et ne glisse jamais en dessous ou à coté.

La recherche de l'ouverture des enveloppes, des draps, des portes souples ou des coffre inviolables sont souvent excitantes, mais ne font que tomber sur d'avantage de vides. Des trous noirs, je ne sais pas si on peut bien y revenir.

Parfois je me promène à travers l'enfilade des piéces, mon regard bute sur le socle des choses, je dévisage les objets, la lumière tombe par poignée jusqu'au noir revenu. Une sorte de voyage vertical dans l'épaisseur du monde où j'entends des ribembelles de rires d'enfants. Parfois j'entends un seul cri. Ce cri saigne beaucoup comme la respiration entre deux pleurs. Alors je m'y arrête. La souffrance à cette chose bien à elle de n'être pas lisse. On s'accroche plus facilement à sa rugosité. Les joies, plus fluides ou aériennes, glissent toujours mieux sur nous. Le couple est une figure du naufrage, et les pierres nues qui le construisent, sont toujours humides et suintantes. Il faut sans cesse aérer les pièces pour éviter la retenue de l'humidité. Jonathan, la traduction restera un tentative inachevée et c'est ce qui fait qu'elle est infinie, belle et changeante ;

Souvent nos voix ne se répondent rien, elles se répondent tout court. C'est déjà suffisant.

A toi.Mélina.

Mélina,

J'entrevois ta peur et elle me contamine… Instants sereins, instants câlins, instants chagrins, des temps malins, glissant des mains comme mes caresses et puis plus rien. Tout cesse. Instants chagrin….

Voila la roue journalière… Ce jour est con et dur et je ne sais pas où poser mon cœur. Sans nul doute il y a un achèvement. Tu m'incites à espérer mais brises mes élancées. Je me demande parfois si je me trompe. Parfois, notre amour est corrosif ; j'annonce à mon enfant le rude hiver. Je lui explique que le jardin va geler et que la lumière coulant comme une onde bienfaisante sur ce lieu se figera. Cette peau de glace sera nécessaire avant la fane compléte des fleurs. Séchées, elles frémiront de douceurs en dépit des blessures ; cette glace gardera sous verre les moments heureux et les illusions des Grands Gosses. J'ai vraiment de la peine, je sens mes ailes amputés. Épuisé de voler dans l'instabilité de tes vents, je me sens misérable d'avoir à prendre des décisions si graves.

Mon enfant me griffe et crie à tue tête. Ces caprices je les comprends car je pleure dedans tellement fort ; rien ne sort. Quelques étages au dessus, mon cran de sécurité s'active. Ma confiance s'éffrite d'heure en heure. Ma volonté de pureté est écrasée. J'écris, j'écris, j'écris... Mes livres grandissent.

La création, sa lave, encore chaude, réchauffe la glace. Le phœnix de l'amour créve dans sa cendre. Dur mais nécessaire, finissons en...

Demain, je serais heureux de traverser un nouveau monde et de renaître plus près de toi.

Jonathan

QUATRIÈME PARTIE

Jonathan,

Je profite de ton absence pour écrire, cela fait si longtemps. Depuis que nous sommes enfin réunis, nos mots s'évaporent trop souvent dans l'air du quotidien.

Nous nous sommes retrouvées, mais le reste de nos voix viennent encore. Elle envahissent l'encre noire déposée, remettent en mouvement le désir, le propulsent dans le quotidien et figent ce mouvement. Ces surgissements reprennent un peu de nos corps liés, bien que ces derniers restent en gravitation autour du désir. J'aime la tournure de la vie près de toi.

En moi, les machines à vides tournaient en permanence, absorbant des échos de souffrance et les répercutant partout. Le manège de la peur accélérait dangereusement et me renvoyait trop souvent vers des pulsions obscures, morbides et inexpliquées. Tes images, tes mains ont déposés sur mon corps un imperméable, une cape protectrice. Il y a maintenant beaucoup plus qu'un tourbillon vide. Il y a une suite de franchissements, une course après la liberté et la vérité. Nous dévalons les pentes de l'existence enssemble, sur les fesses ou à genoux. Nous glissons sur l'angoisse dépliée comme un toboggan. Le désir de se rejoindre s'engouffre toujours et notre corps, jusque là, peut le porter. Nous passons de la retenue au flot ; du flot aux dérivations de l'existence. Notre eau écoule les apects les plus importants de nos vies et abreuvent le jardin.

Écris moi quelques lignes quand tu liras cette lettre, ta plume me manque.

Mélina

Mélina,

Je suis à nouveau assis dans ma chambre, je découvre ta lettre, les larmes coulent, je ne les retiens pas… mes draps bleus en satin glissent comme tes phrases. Mon regard se proméne dans la pièce et remarque les contrastes piquants.

Ah ! Quelle dure consternation, tant de temps sans rien écrire… et pourtant… J'aurais voulu avoir la volonté de le faire. En quelques temps, je suis passé d'étudiant peu assidu, vaincu par sa fénéantise. Celui là se prend pour un poëte mais n'a jamais rien publié… ; Souvent, il est loin des hommes ; il passe sa vie au bar et se meurt dans un temps où il espère je ne sais quoi. La femme qui le prendra ou le poème rare… il écrit trop peu ; pourtant il écrit souvent…

Quand je t'ai rejoins à Lyon je savais ma santé morale était affaiblie. Je pouvais passer d'un mot, d'une pensée, d'une personnalité absorbante au silence qui réduit tout autour ; je contemplais le monde sans le toucher. Maintenant, je suis près de toi, je travaille Mélina, ma confiance est revenue, je me sens autonome et capable d'habiter le monde comme les autres, je suis devenu moins lunatique.

Je te regarde et je vois ton propre regard se poser vraiment sur le monde et c'est une découverte renouvelée.
Je ne veux plus te séduire, juste te faire goutter à la joie. Mes soupirs de solitudes se sont éloignés. J'aime ta compréhension, perchant mes folles phrases. Tu demeures en phase et tu me comprends, je le sens.

Je t'envoie des baisers éthérés

Jonathan

Jonathan,

Depuis si longtemps nos mots ne se posent sur aucune feuille et nos lettres ne pénètrent pas d'enveloppe. Au fond de la pièce Brassens chante... Il y a des tableaux finis, d'autres attendent...Tu n'es pas là et le matériel s'entasse. La chaleur de l'été est étouffante. Tu dois avoir moins chaud à Paris. Les mots reviennent dès que nos corps s'échappent l'un de l'autre. Notre jeunesse s'échoue petit à petit. Notre fille joue et j'aime entendre ses rires...

Des fantasmes de soumissions et d'attachement butent ; il y a tous ces discours sur les normes à éviter. Duras n'est jamais loin de moi. Je pense aux espaces clos où ni les mots ni le temps ne rentrent.

Certaines personnes entretiennent très bien un rapport professionnel aux mots. Ils sont payés pour construire ou accompagner un discours. Je ne pense pas aux écrivains mais aux avocats, aux commerciaux et aux experts. Dans leurs plaidoiries, il n'y a jamais de trous. Ce langage professionnel est effrayant. Il est comme une carapace pour la subjectivité chronophage, fragile et complexe…

Les écrivains, eux sont entre deux, ni cons, ni vaincus par le discours, jamais convaincus par la forme. L'écrivain ne se préoccupe pas du professionnalisme, il plonge et nage ; il se débat avec les mots de l'abysse. Sous les falaises, dans le noir, il continue car il sait. Les profondeurs sont peuplées et le dépasse. Il a des méduses aux trousses… il risque de ne pas être entendu, jamais … Il connaît d'instinct la douleur, le bruit du fracas rencontré quand il n'y a aucun mot.

Il y a des gens, qui naviguent dans le réel nu, de tout leur corps, avec leurs actes. D'autres, jaloux de ce courage, de cette traversée sans mot, les font payer. Les criminels payent le soliloque de leurs défenses ; eux même, n'ont souvent aucune idée des mots qui les relieraient au monde ; les fous payent. On les enferme jusqu'à la cohérence. On exige d'eux des mots dans l'ordre. Ils coutent cher, les mots…

Le fou, a-t-il peur du verbe ? Je ne crois pas, mais je ne sais pas. Je pense qu'il a peur de s'endetter davantage avec les langues qu'on lui lance. Celles qu'on lui prête ou qu'on lui arrache. Tous ces mots qui n'en sont pas et que nos désirs de normalité attendent pour « comprendre la maladie du délire ». Pour se relier à lui on attend des mots entendables car la distance est insupportable. Peut-être est-ce ça la dette infinie de la civilisation… Aujourd'hui, il y a un retour au primitif nouveau, une sorte d'animalité circonscrite, comme au zoo. Dans le meurtre, toujours trop fréquent sur terre, il y a ce désir de fixation, cette mise à mort et le refus d'élever des mots et de les rendre au monde…

Aujourd'hui mon amour, j'ai regardé par la fenêtre et il y avait des enfants. Ils faisaient des châteaux dans le bac à sable. Je t'écris ces instants détachés et observés de l'intérieur.

Dans mes tableaux il y a tout le temps l'envers du corps, les épaules, l'arrière de la scène, le renversement, la colonne vertébrale saillante, les épines retroussées et les os du dos nus…

Je t'embrasse
Mélina

Mon amour,

Il y a en moi, un Alchimiste.
Il n'est ni autonome, ni biologiste,
Juste un fantôme dont les mains seules s'agitent.

Possiblement invisible,
Je le cherche ou je l'oubli.
Mais lorsqu'il hante son atelier,
Coulant de ses fioles mes sentiments,
Je ne peux certes que l'écouter ;
Et constater ma vie qu'il engrange.

L'Alchimiste a ceci d'étrange
Qu'il gagne parfois en substance,
Prenant plus d'essence même que mon propre corps,
Défiant la mort par de nouvelles promesses,
Coulant sur mon coffre d'airain les tresses d'or
De nos sourdes ivresses.

Ces derniers jours le magnétisme aérien et profond de nos instants ensembles continue de me surprendre délicieusement.

Fait donc de beau songes, fleur étonnante, toi qui poussas jadis au sein de mon désert. Je suis heureux de vivre des instants avec la femme qui me vrille le plus le cerveau avec évidence.

Tu peux t'enorgueillir d'être en mon monde la Grande Inclassable. Mais ne prend pas la grosse tête, ce ne sont que des mots. Bien que ces mots, je les porte dans mon cœur...

Baisers

Jonathan.

Jonathan,

Les lettres naissent dans l'écart souligné par l'absence. Tu nous as quitté pour une petite semaine et soudain, cette envie de t'écrire pousse à l'intérieur de moi.

Quand je me suis réveillée ce matin, j'avais en tête ce nom, raisonnant « Wilfried » … Je le connaissais comme s'il faisait partie de l'écriture mais il n'était dans aucun livre.

En retrait, j'ai écouté le monde. Je nageais dans son brouillard épais et blanc ; À l'intérieur, des phrases défilaient. Elles étaient très claires, mais se perdaient, parce que je ne les consignais pas. Quand j'ai pris conscience de la succession des pertes, j'ai attrapé une feuille pour noter. A ce moment-là, elles avaient disparu ; elles avaient traversé le brouillard où je me trouvais et je ne les voyais plus. Je me suis retrouvée à écrire tous ces mots du présent, terriblement conscients de la disparition. Je me suis mise à faire des milliers d'hypothèses nouvelles à propos des liens invisibles.

Les liens ne me manquaient pas, ça en devenait presque dramatique... j'étais prise dans un temps suspendu, dans une sorte de réclusion, j'écoutais, les gens et le monde, de loin. Le bruit et l'odeur des voisins me parvenait. Leurs présences, restaient suffisamment lointaines pour me contenter pleinement. Honnêtement, il aurait même été désagréable d'avoir, par une quelconque façon, à me mêler à eux de plus près... j'avais besoin de m'installer dans mon propre silence entièrement.

Je lisais des livres. Aucun ne se valaient, juste ils se succédaient ; j'écrivais quelques phrases. J'écoutais la vie se clore à tous les instants. Je voyais quelques scènes désordonnées. Parmi ces images, il y avait des choses étranges.

Sur une paillasse blanche à carreaux, dans un petit contenant rond aux bords épais, baignait une matière inconnue, une sorte de papier visqueux, presque liquide. J'essayais d'entraîner mon esprit vers cet amalgame de papier mâché, et j'ai vu une petite voiture rouge d'enfant, mélangée à des pensées et des larmes. Le tout était agglutiné, comme une pâte au fond du pot transparent et rond...Une laborantine, plus loin, relevait des tubes à essais pour les observer à l'œil nu, avant de les mettre sous un microscope. Dans les tubes, un liquide bleu clair contenait des lettres noires désordonnées. Ces lettres provenaient des mots d'un savant fou ; ses mots avaient déserté ses livres et s'étaient retrouvées dans le liquide bleu à dissoudre…

Ailleurs, une ancienne maison, presque un vieux château. J'arrivais devant la grille, je garais ma voiture. J'éteignais la musique, et je pratiquais quelques instants une respiration ventrale profonde avant de sortir de la voiture. A l'intérieur de la maison, une ambiance familiale, joviale et une odeur de plat cuisiné alléchante, quelque chose de champêtre. Je m'approchais du four et je voyais cuir un gros rôti… En sortant, j'entendais un bruit sourd provenant de la bibliothèque. Je poussais la porte et tombais sur une pièce immense, remplie de livres ; Au fond de la pièce, une toute petite porte fermée à clefs attirait mon attention, jusqu'au moment où la minuscule bille noir et lourde tomba du haut d'une étagère. Elle se mis à rouler plus doucement sur le plancher…

Ces scènes étaient là depuis quelques temps. Quand j'y repensais, tout recommençait à l'identique. Ainsi, la cuisson du rôti reprenait, la bille tombait et la laborantine relevait les tubes… Soudain, je me suis mis à penser à la fin des choses. Une petite voix me disait « pour chaque gain, il faut une perte ». Le temps n'était plus une référence pour moi ; je ne sais pas ce qu'il faisait ce temps, j'avais l'impression de le traverser et surtout de le voler. Pourtant ces instants étaient nécessaires à ma survie. Je pensais au prix du temps, après avoir pensé aux prix des mots… Puis dans un sursaut, l'essentiel est venu. Je passais à la misère sociale, aux cités de France ; j'honorais mentalement tous ceux qui croupissent dans une belle indifférence collective. Ces bâtiments immenses, ces tours, ces blocs de ciments, je me mettais à rêver qu'ils soient définitivement rasés. Mais cette vive pensée fût vite envahie de dégoût et d'angoisse à cause de l'Histoire ; celle que l'on fait disparaître des livres.

L'essentiel se déplaçait vers la gravité des trous de l'histoire. Je me tournais vers le « non répertorié », les non-dits, vers cette violence. Elle ne figurait nulle part. Je pensais à tout ça comme on pense au viol.

Un viol nous fait porter tant des blessures et de questionnements ; Un viol est une effraction du corps, mais pas seulement. C'est toute une société à réinterpréter soudain. Faire disparaitre les blocs de ciments, ce serait une nouvelle blessure infligée, un nouveau trou dans l'histoire. Ce serait faire disparaître l'invisible, l'inentendu.

Cette honte de l'histoire on avait tous à la porter ; elle ne devait pas disparaitre avant d'être bien apparue. L'indifférence à la misère du monde c'est l'autre face du viol.

Ces questions-là, c'étaient celles de la figuration, du pouvoir et des places. C'était celle de la faillite du symbolique. Aujourd'hui tout est servi cru et c'est l'imaginaire qui s'effondre. Il y a un intérêt tacite à tout réduire. Les mots de notre époque sont trop courts et se transforment en image pour boucher l'incomplétude inviolable du réel…

Peu après, je pensais au médecin rayé de l'ordre médical à cause de son livre introuvable sur le plaisir du viol. Je n'avais pas lu son livre et je ne soutenais pas son discours, mais ce que je comprenais, c'est que personne n'admettrait plus la vérité subjective. Il n'était plus possible de parler en son nom, la scène publique s'emparait de tout et toute idée était ramenée au collectif, vulgarisée, sortie de son contexte, alimenté par des courants et des causes illisibles et plus encore si elle est croustillante…

Enfin, j'ai replongé dans mes ouvrages. Je relisais de Duras, ses lignes étaient plus claires qu'hier. Alors, je me suis demandée ce qui se passait vraiment dans la lecture et l'écriture. Que reste-t-il du lieu d'où l'écrivain écrit ? Est-ce que les lignes brouillées parcourues hier, étaient une sorte de traversé d'un état propre à Duras dans son écriture ? Aujourd'hui, en tout cas, c'est autre chose, je vais plus loin, vers la fin du livre. C'est très dense, quelques lignes suffisent à alimenter un fil épais. On ne peut pas tout traverser d'un coup. Pour certains livres c'est possible, mais d'autres s'étendent même quand les lignes ne sont plus directement sous nos yeux…

Hier déjà, j'ai essayé de t'écrire déjà mais j'étais bloquée. J'avais très envie et rien ne venait. Je me voyais, remplir des wagons de choses précieuses, puis avant que le train parte, avant le sifflement du départ, tout était ravalé par la beauté du silence... Pourtant, je suis toujours excitée quand je pousse cette porte vers toi.

Je me suis assise dans le désert de cette fin d'après-midi. J'étais tenue, avec mon corps, dans le fauteuil de notre terrasse, la chaleur tombait comme le soleil. Les mots étaient toujours loin de la feuille. A un moment j'ai pensé que nous avions fait l'amour juste avant ton départ. Parfois l'amour aussi s'absente, comme les mots, pourtant ils sont toujours quelque part. ils s'abritent ailleurs, pour ne pas éblouir notre repos. Ce soir je voudrais te dire que je t'aime, je voudrais te le dire mais je ne dis rien. Peut-être ai-je peur, au fond que tu prennes tout l'amour et t'en ailles, sans jamais revenir. Je voudrais que mon corps dise bien l'amour, souvent il ne te dit rien non plus, mon corps.

Au moment où je dépose ces mots, mon portable sonne et ton nom apparaît, c'est comme si tu m'entendais penser. Je te vois marcher le long des quais de Seine, et les échos de tes pas sont partout...Je me glisse vers toi un instant...

Je suis fatiguée, d'avoir autant écris, mais je me retourne encore. Je pense à notre vie, à nos épreuves, aux enchaînements vifs. Je m'arrête autour de cette traversée récente de la maladie et de la mort de mon père... ma joie et ma douleur se réinscrivent. Mes pensées s'échappent du cycle infernal. Elles sont libres et s'envolent plus loin que la mort des gens et des instants. Il reste une chose que je n'ai pas vu, c'est son cercueil descendre. Je n'ai pas vu la terre le recouvrir et tomber sur le bois, détenant son corps vide. Ça, je ne le verrai jamais. J'ai préféré rester plus loin, en équilibre au sommet de ce point fragile, où se frôlent l'humain et le sacré. J'ai noué la fin de la douce maladie à la danse funeste de l'infini voyage…

En écrivant sur le départ, mon mouvement s'interrompt et je me retrouve fixée à la chaise. Une sorte d'immobilisation me prend, soudain le temps est creux comme pendant une insomnie. Il reste, le flottement du corps du texte.

Stéphane m'a rendu visite mardi, nous avons bu du champagne. Avant son arrivée, c'est toujours ambigu, Stéphane prend toujours une place dont on ne sait rien. Il a cette capacité à communiquer et comprendre sans rien comprendre, à toucher puissamment l'instant. Il traverse les couches, sans toucher à leurs vastes étendues. Cette ambivalence le caractérise et le concerne mais se met souvent à nous appartenir à tous…

L'amitié, le désir, la haine, l'amour, le rejet, dansent dans son étrange être. J'écoutais, au moment où il parvenu à moi, une émission radiophonique sur la littérature. Sa présence s'y est mêlée naturellement. Sa nage en eau trouble, profonde et éphémère, était rapide. Il a pu me rejoindre tout de suite. Nos deux sensibilités flottaient en surface. Il y avait, entre nous, malgré toute la difficulté de la parole, un au-delà de l'ambition vide. Nos dialogues, même entrecoupés, se répondaient. Il disait, en parlant des écrivains et des penseurs avoir une dette immense. Il disait : « ces gens ont traversés leurs désirs de bouts en bouts ! » Il parlait de l'aboutissement comme un acte de courage, dont il serait incapable. L'exigence nous ralliait. Mais elle était, sans prétention, à sa place la plus belle, loin de nous, les hommes.

Ces auteurs, qui nous ont accompagnés, aussi essentiels qu'insignifiants, visitaient nos petites vies banales, nos ambitions éteintes, à ras le sol. Le caractère spectral de nos ambitions suivait un trajet où le travestissement prend forme. Dans un élan, qui lui est propre, Stéphane avalait de plus en plus de paroles. Le son de sa voix baissait, l'articulation s'amoindrissait à certains endroits du discours et la conversation tombait. Ainsi, je comprenais l'interruption comme une sorte de glissement du sexuel dans l'intellectualisation opérée sur le monde. La respiration prenait plus de place, le corps s'agitait alors que les paroles, arrivaient vers moi comme des étrangères. Je n'osais pas lui faire l'affront de lui demander de répéter, je le laissais conjurer son déversement.

Dans l'écriture, ce processus est plus calme. Le bout du stylo, retenu par la finesse des doigts, dépose délicatement sur le papier de soi, la pulsion ; elle est presque immobilisée par endroit, bien que, dans la lettre, s'égoutte les restes les plus virulents de nos voix…

A part ce moment, des journées entières ont semblé tenir, se traîner. Rien de palpable n'est vraiment apparu. La plupart du temps, les mots étaient barbares et ne s'emboîtaient nulle part. Ce n'était, de toutes façons, plus vraiment nécessaire. Il y avait une sorte d'agonie tranquille, loin la rumeur des individus et de la lamentable confusion. Quelques rayons de soleil ont, à eux seuls, rendus l'univers accessible et par là, ont provoqués, la noyade des auteurs vivants et la danse les auteurs immortels dans la totalité du monde obscur et confus…

Plus près de moi, il y avait cette nécessité d'appréhender une délicate attente avant ton retour. Cela va finir et on tient... J'attends, une fin qui n'arrive pas. Elle ne vient jamais. Près de cette ambition, tournait l'inadmissible de la jouissance. L'angoisse, cette chose gluante, provoque l'excitation, le besoin de se soulager … La question de la langue, tricote cette attaque de tous bords, ce besoin de gagner quelque chose sur le savoir ou sur la langue elle-même. Elle vient rejoindre un soubassement, trop hermétique. Les processus qui ne peuvent pas en être, sont pourtant là.

L'écriture, c'est aussi, cette impossible description de la chute dans la langue, changeant brutalement de matière. Des articulations physiques concrètes peuvent modifier toute une production. Soudain s'immisce dans la lettre, une sorte d'idiotie. On ne sait plus nommer et pourtant on continue à joindre les bords dentelés de régions intouchables. Pour ça, il faut faire un sacrifice ; il faut savoir passer sous silence, tellement de moments, de morts, de suicides ou de désirs et pouvoir laisser défiler les choses…

Je me rends compte à quel point écrire est difficile et paradoxal, c'est à devenir fou. Parler des livres ou de l'écriture c'est rêver… Ce rêve filant est plus merveilleux que la déception du livre lui-même. A cet endroit, coïncide un abandon et un passage entre deux mondes. Il est possible d'y retrouver cette part morte de l'inachevé. Voilà d'où vient la déception inscrite partout en filigrane dans un livre réel…

Dans une lettre, il y a aussi le mouvement de la main. Tout se pose au-dessus ou en dessous de l'écriture. Des objets vivants de la langue sont figés là, et si l'on a bien bordé les choses, ils ressortiront de ces lieux. Il n'est pas nécessaire d'éduquer ces processus. Ils sont étrangers à nous-mêmes, tout en pénétrant notre familiarité.

Pour moi, les livres sont des mousquetons, des attaches aux points de contact, protégeant l'incertain de nos désirs… Désirs, repris simultanément au néant et à l'articulation ambiguë, et qui, par l'éclipse essentielle disent quelque chose de la place ou de l'effacement nécessaire.

Certains livres opèrent seulement une disjonction. Leur structure n'apporte plus rien car elles sont comme des infidélités, (fidèles à l'incomplétude de l'homme). Avec d'autres, on pourrait croire à une sorte de stase mais ce n'est qu'une durée qui s'ignore…

Je me souviens de notre dernière dispute. Un inconvénient s'éternisait entre nous. Nous voulions en sortir, arrêter ça, mais il continuait. Du moment de fâche, au moment où nous nous sommes vraiment fâchés tout y est passé : Le train, l'angoisse de l'acte, le désir, la terrible vérité qu'il faut reprendre et décaler, les silences et les oscillations et enfin, les corps et leurs insignifiances.

Des auto convictions furent balancées sur la table. Nous avions énoncé des troubles, tout en les niant. La question des corps se rapprochait sans arrêt. Elle avançait avec des mots et toutes leurs frustrations, avec la peur qu'ils puissent entraver les corps, tourner autour et ne rien en dire.

Cette brouille était une jouissance à un autre niveau. Des mots pas bien taillés, écorchaient une essence fluide, jusqu'au lieu de passage de la bouche. Ce trou d'où sort la voix. Une voix qui n'est pas un organe mais reste parfois dedans et chante pendant des heures des jours et même des nuits.

Ensuite j'ai essayé de glisser sur notre embrouille. Se laisser couler est la chose la plus difficile à faire. Peut-être, faudrait-il saluer la grandeur des personnes âgées. Tu sais, les médecins appellent ça, « le syndrome de glissement » ? cette sorte de dépression Finale…

Tout d'un coup, je pensais à mon métier, infirmière, soignante. Bien souvent la coulée s'éternise : Perfusion, glissement des fils, transferts, répétitions…

Là, une colère, retenue longtemps est enfin sortie…Cette première tension autour de nous est devenue l'ombre d'une indignation beaucoup plus grande. Tout d'un coup, j'avais envie de hurler aux médecins, aux infirmiers, au monde entier. J'avais envie de leur dire :

Qui êtes-vous, vous qui ne comprenez pas l'amour ? Vous qui êtes brûlant et brutal ? Oui, brutal car je n'ai jamais pu vous approcher sans prendre des coups, sans ressentir cette brûlure de la trahison. Malgré tous vos raisonnements, la compréhension de l'autre est impossible, on ne fait que se rapprocher de nous-même…Il a un deuil immense qu'il faut faire advenir…

Au fond de moi, je hurle… Pour qui vous prenez vous ? imposteurs !

Vous, qui face à d'autres humain s'en remettant à votre savoir, pensez déficits et science du médicament ? N'avez-vous pas compris qu'ils vous prêtent des convictions ? Vous n'avez pas compris qu'il faut tout leur rendre après la traversée ? Vous n'avez pas compris qu'il ne faut pas alourdir leurs sacs mais soutenir leurs corps et leurs paroles inaudibles pendant cette étape périlleuse ?

Qui êtes-vous, vous qui proclamez être bien placés par rapport à l'esprit alors que vous ne faites que dupliquer la partie lâche de la hiérarchie ?

Qui êtes-vous, vous qui appliquez le pouvoir sur la faiblesse de l'autre ? Vous, qui ne parlez que de l'urgence, balayant les anciens penseurs et les nuances ?

Qui êtes-vous, gens de l'instant démunis, renvoyant la violence des patients sans y réfléchir, dans une sorte d'impatience ?

Quelle fainéantise ! Quel mensonge, de prétendre soigner sans se pencher sur ses propres plaies … Quelle hypocrisie le « soin » prépare encore, lorsque les temps de réflexions communes et particulières sont évacués par des protocoles préétablis, esquivant prudemment la problématique ouverte dans le lien ?

Qui êtes-vous, vous qui ne parcourez pas votre propre esprit, qui esquivez l'autocritique, qui prônez la sécurité, et la soi-disant rigueur objective face à des sujets pris dans l'insécurité de leur monde ?

Que croyez-vous supprimer ? vous bâtissez des remparts, pour éviter, à tout prix d'accueillir la détresse, la différence et son surgissement. Vous alimentez la folie car vous ne nommez plus rien, ni personne. Vous vous faites surprendre par la violence, écroulant de plein fouet vos dispositifs abscons. Vous vous voterez dans vide de la pensée comme des cochons et je pleure.

Je suis en rage car je vous ai vu voler des mots pas encore mûrs, les seuls qui ont pu pousser dans l'aridité de vos « soins ». Je vous ai entendu violer le silence des autres…

Qui êtes-vous, vous qui arrachez les mots pour servir la répétition morbide de l'ordre brutal ? Vous ignorez cruellement ce qu'est l'ordre. Vous évitez de questionner la structure de la charpente de l'homme perdu. Je me demande qui vous êtes devenus…

Je suis en colère contre vous, quand vous n'attendez plus rien du temps… Vous êtes complices de ceux qui comptent tout, de ceux qui effacent les symptômes. Votre regard, est-il devenu tellement étroit ?

Vous regardez naïvement « la maladie » sous le prisme de la norme. Vous cherchez à la rétablir sans tenir compte des différences et vous êtes pire que les industries financières. Les productions de nos patients, vous les effacez avec une froideur déconcertante, sans même leur demander ce que représente l'œuvre de leurs esprits incompris...

Vous ne faites que plus que quotter et contrôler la santé… Plus personne n'est hôte de la pensée.

Vous oubliez que le temps ne se compte pas bien. Vous oubliez même le mot « patience » ! Car prendre soin des êtres, c'est savoir attendre qu'un semblable puisse déplier auprès de nous les trésors de son existence froissée…

Pardon d'avoir pris autant de place sur la feuille. Mon stylo à dérapé. Le graphisme de mes lettres reflète ma peine immense. La rature est visible, mes larmes ont fait couler l'encre… Ma langue a pu glisser quelques bribes de révolte. Il y a un dévoilement…

Ecrire, c'est comme respirer dans un tuba. Echapper au déferlement des semblables lendemains criminels.

Que dire de tout ce vide fuyant dans l'écriture ? Quelques traces sont seulement ce que qu'elles ont été : Un témoignage d'une existence infidèle.

Je vais terminer cette lettre, beaucoup trop longue. Je te l'adresse quand même. J'y joint un dessin de notre fille, si touchant. En le voyant mon cœur c'est rempli et il a presque débordé. Cette lettre aussi déborde. Mais elle borde aussi l'amour pour toi et la confiance que je te prête.

Mélina.

Jonathan,

Tu es toujours si loin… Après ma dernière lettre je me suis endormie dans une sorte d'apaisement. Une légèreté régressive ou rien ne distinguait trop violemment les instants. La violence était restée au fond de la lettre… Pardonne moi.

J'ai eu, durant ce sommeil-là, un premier réveil. J'ai pris un livre au hasard au-dessus de moi et je me suis recouchée.

Après, il y eut, une inflexion du corps. La conscience est passée de l'autre côté de la rive. L'infléchissement des idées de l'éveil et l'éloignement du rythme, m'ont permis peu à peu de déserter le livre avec lequel je m'étais embarquée dans cet enfoncement. Au cours de ma lecture les bruits et les mots se sont atténués progressivement. Ils se sont mis à raisonner de plus en plus loin, en moi.

Des images et des sons se sont mélangés avec les lignes, dans une longueur habitée. Puis une chose trop précise pour que je m'en souvienne, une butée sur un seul mot m'a sorti du lit, brusquement.

Je me suis dirigé, endormie, vers la bibliothèque, j'entendais mes pas et ma respiration un peu raccourcie. Mes bronches étaient crispées, je cherchais quelque chose que j'ignorais presque complètement. L'air à l'intérieur de moi circulait difficilement. Une petite vibration chantante me rappelait que je fumais beaucoup trop. Pourtant, la fumée je trouvais ça nécessaire. Ce brouillard était un peu comme l'entre deux de l'endormissement, un genre d'opacité reliant des espaces écartelées.

A ce moment-là, tout l'avenir restait un grand mystère que je ne cherchais pas à percer. Je me suis souvenu de tous les moments où j'avais dû préparer mon sommeil. Tu sais, les siestes préparatoires...

Ça m'est bien souvent nécessaire, lorsque mon corps et mon esprit sont trop chargés. Je me pousse alors entièrement dans le canapé. Les chuchotements du monde partent vers la nuit. J'entends les petits pas des rêves ou leurs grands sauts. Tout ce trajet prépare mon véritable sommeil, celui qui a lieu dans une chambre au creux d'un lit.

Je suis allé dans le jardin, et j'espérais m'assoupir un peu au frais. De mon fauteuil, j'entendais le silence de la nuit. Une voiture, au loin, me fit lever les yeux. C'était toute une affaire pour sortir de ma rêverie. Je tenais mes yeux sur le mur, où la lumière jaune des phares se déployait.

Soudain j'ai ressenti toute la rigueur contenue derrière la notion d'échos, si souvent encombrante. L'arbre qui surplombe notre clôture, touchait le ciel et venait rejoindre la voiture. Ces deux éléments distincts se fondaient sur le mur, en un jeu d'ombre et de lumière. C'était une magnifique projection ! Un manège que je regardais naître et mourir en même temps…

Alors, toute cette lutte vaine, pour échapper au temps, toute cette énergie pour comprendre le monde n'avait plus qu'à disparaître puisqu'il suffisait de sentir et voir les beautés du monde, au moment de leurs venues… Là, une sorte de phénoménologie fugace et brute, dévisageait le monde sans chercher à le découvrir ni le dévoiler. Et je retombais, lentement sur le voile, cet éternel débat...

Couvrir ou découvrir le visage du monde c'est peut-être ce qui nous empêche de tuer. Le visage est un long commentateur de la parole.

Cette après-midi, après une longue période sans nouvelles de F., j'ai enfin reçu son message. Ces mots, ont prolongé les battements de mon cœur. Il y avait des choses muettes, et son texte a coulé dans ma journée et mon corps. Il s'est dissout entre les lignes ; les miennes d'abord, puis celles des autres, retrouvés dans la lecture. Son message à regonflé ma plume, mon âme, puis le devenir tout entier. La chaleur de sa réponse à fluidifiée ma journée jusqu'au soir, Où tu m'as enfin appelé.

Tu m'as lu une nouvelle de plusieurs pages que tu avais écrites. Je suis rentré dans ton jardin de mots. Mon corps réagissait vivement et j'en concluais à un retour vers les lieux du désir. Ce lieu mystérieux pousse les hommes à ne rien perdre, à traduire cette excitation présente.

Un mot est revenu à la fois dans le message de F. et dans ta nouvelle. Je ne l'avais jamais entendu avant sa double apparition dans la même journée. Ce mot :

« componction », était pris tout entier dans le désir, aux deux endroits qui m'animaient…

Voilà comment les mots empruntent une histoire personnelle. C'est peut-être ce qu'on appelle la poésie ? Il ne faut pas découper les choses pour les comprendre. Certains mécanismes sont insaisissables…

Notre fille est encore dans la piscine. Elle reproduit une sorte de propulsion en trois temps. Je pense à Brel, avec sa valse…

Bref, ici, un saut, un rebond et un rire…Entre le saut et le rire, il se passe quelques secondes ; parfois aussi longues que le temps écoulé entre la fin de l'accouchement et le premier cri de l'enfant…Une éternité…

Je me souviens de sa voix, je l'attendais. C'est la première chose que j'ai dit à sa naissance… Je l'avais à peine vu sortir de mon ventre mais je la suivais déjà des oreilles. J'attendais son cri, tu te souviens je lui disais : « allez bébé, respire ! » ; soudain dans un enchantement, sa voix à surgi. Qu'elle était belle sa voix, souviens toi…

Peut-être qu'écrire n'est qu'un grand effacement. Ce ne sont que des morceaux recousus de la mémoire. Des danses ignorées. Quand et comment ont-elles lieu ? leur temps n'est pas complètement révolu puisqu'il se réactualise. Une sorte de restauration, propulsée devant. Un silence de soi occupé.

Mais que représente les mots ? que doivent-ils servir ? Imagine un peu le comble pour un arbre quand le mot « arbre » se grave sur une feuille…

Les mots dévoilent, enrobent, protègent où exposent les êtres. Ce sont des vêtements préparant le travestissement de la matière. Une catharsis, une sorte de décharge de nos propres faiblesses, ou au contraire une histoire illuminant l'intérieur…

La conscience, cette assoiffée, boit les échos. Elle fait disparaître le négatif alors qu'elle ne fait que le rappeler. Une sorte de trame de fond s'imprime où les mots choisis se pensent seuls. Ils se comportent comme s'il n'existait qu'eux. Ils se pavanent mais soulignent juste l'existence infinie de tous les autres, de tous ceux disparus dans le texte. Ecrire c'est exposer cet effacement. À la surface de l'écriture, apparaît la subtilité du contraste entre absence et présence. Contraste retrouvé sur la toile d'un peintre, autour des reliefs formés par les couleurs et les matières chevauchées…

Jeudi, nous avons visité un atelier d'artiste. Il y avait une toile énorme, comme un aquarium. Des petits dessins se noyaient ou surnageaient contre les parois. Le centre de la toile, tenait les éléments à différentes profondeurs. Bien qu'elles soient fixes, les épaisseurs du relief, provoquaient un mouvement lent et perpétuel. Une sorte de mélange ne se rejoignait pas encore. Il y avait une invitation à supposer. C'était merveilleux.

Ensuite, nous sommes allés nous reposer à côté de l'église. Les grands arbres découpaient le paysage ; Le regard devait se glisser entre les branches. Pour apercevoir le soir, il fallait dépasser l'arbre, plonger dans ses feuilles, ses séparations, passer entre ses ramifications.

Le vent apportait une petite légèreté. Il corrigeait cet espace clos où la beauté n'avait qu'à revenir. Parfois maintenir une fluidité avec soi-même est complexe.

Accueillir l'autre, c'est recevoir une image, mais se chercher, c'est extraire les images…

Tous ces mots représentent un peu mon théâtre interne. Ils reposent sur les planches, où je hurle en silence. Quelques reflets s'éternisent sur les miroirs en épi, pris dans une horizontale abysse ; Alors, cette abysse est à son tour empêchée par les miroirs…

Les mots prennent toujours beaucoup de place, je m'allonge sur l'herbe ; il y a près de moi, écoulé d'une roche, un tapis de fleurs. De minuscules abeilles butinent délicatement le nectar sauvage.

Je te laisse ici, peut-être que je retrouverais…

A toi Jonathan.
Mélina.

Mélina,

Devant et derrière nos fuites et nos peurs, je suis tellement soulagé d'être avec toi au quotidien. Même en nous quittant, nous ne nous sommes jamais quittés. Continue de me donner, j'apprends à recevoir, peu à peu. Donne-moi encore des instants, du désir, de l'amour et de la Foi. Tout cela t'es offert chez moi.

Continue tes quêtes, même dans le pire éloignement, j'y ai cru. J'ai juste peur parfois que tu me laisses seul et corrodé, mais au-delà de mes craintes, est un monde de confiance.

Je suis tombé amoureux de toi très vite car j'ai reconnu ta lumière, ta fragilité et ta liberté.
Je voudrais qu'on ne cesse jamais de recevoir et de donner, de mieux en mieux. Fais voler la matière, les objets et les gens. Je n'ai jamais été loin et tu as toujours été proche.
Nous avons planté nos fruits, maintenant, récoltons ! Je veux les cueillir avec toi sur mes épaules.
Plaçons nos mosaïques, nos tableaux, sur les murs. Ils nous supportent…

C'est toi que je veux attraper quand je n'ai rien...

C'est toi que je veux ramener quand je suis seul...

C'est toi que je veux vibrer, alors qu'il y a tant d'autres accords...

Ma flemme, c'est difficile d'écrire mais je t'aime, ça je peux le dire.

Jonathan

www.ingramcontent.com/pod-product-compliance
Lightning Source LLC
Chambersburg PA
CBHW021151160726
47994CB00001B/155